# MANUEL ORTHOGRAPHIQUE

DES MOTS LES PLUS USITÉS

DE LA

# LANGUE FRANÇAISE

POUR SERVIR

d'exercices, et d'introduction à la grammaire,

à l'usage

DES ÉCOLES PRIMAIRES ÉLÉMENTAIRES

et

des établissements d'instruction publique.

DIVISÉ EN DEUX PARTIES.

PAR C. F. NICOLAS,

Membre de l'Université de France, Professeur de langues.

1<sup>re</sup> PARTIE.

METZ,

Chez l'AUTEUR, place Chappé, n° 5,

Et chez M. ALCAN, rue de la Cathédrale, n° 1.

1848.
1849

*Les exemplaires non revêtus de la signature de l'Auteur seront réputés contrefaits.*

Metz, imp. de Cu. DIEU, place Chappé, 1 bis.

# L'ORTHOGRAPHIQUE

### DES MOTS LES PLUS USITÉS

DE LA

# LANGUE FRANÇAISE

POUR SERVIR

d'exercices et d'introduction à la grammaire

à l'usage

DES ÉCOLES PRIMAIRES ÉLÉMENTAIRES

et

des établissements d'instruction publique

DIVISÉ EN DEUX PARTIES.

PAR C. F. NICOLAS,

*Membre de l'Université de France, Professeur de langues*

## 1re PARTIE.

METZ,

CHEZ L'AUTEUR, place Chappe, n° 5;
ALCAN, rue de la Cathédrale, n° 1.

1848.

# AVANT-PROPOS.

C'est par la langue maternelle que doivent commencer les études a dit Rollin. Or, il faut préluder à l'étude d'une langue par ce qui en est le base, c'est-à-dire, par la connaissance des différentes sortes de mots dont elle se compose. Mais, par quelle marche peut-on faire acquérir à des enfants, et dans l'espace de temps le plus limité possible, cette connaissance si difficile, et si lente par la voie ordinaire? Après y avoir mûrement réfléchi, il nous a paru hors de doute que de tous les moyens, le plus simple, le plus certain et le plus prompt c'est de présenter à leurs yeux les mots corrects, divisés par séries et rangés dans l'ordre alphabétique de leurs lettres initiales, et de leurs terminaisons (*), de les obliger à copier plusieurs fois, et à apprendre par cœur ceux dont l'orthographe exige une attention plus particulière.

Quoique cette classification demandât beaucoup de travail, de patience, et de très-longues recherches, nous n'avons pas hésité à l'entreprendre dans l'intérêt des enfants, afin de leur ménager un temps précieux et de hâter leurs progrès, en leur applanissant bien des difficultés.

Nous avons suivi, dans ce *Manuel*, un plan autre que celui des auteurs qui nous ont devancé dans la même carrière, et dont nous sommes loin de contester le mérite; nous avons tâché de faire mieux et plus complétement; c'est au public et surtout à MM. les instituteurs de juger si nous avons réussi.

---

(*) Nous sommes intimement convaincu que ce mode est le plus propre à graver les mots dans la mémoire des enfants. Ceux qu'ils auront retenus dans une série, leur rappelleront plus aisément les précédents ou les suivants de la même série, comme en poésie, la rime nous aide à nous rappeler les vers précédents ou les suivants.

# PLAN DE TRAVAIL.

1° Les élèves apprendront par cœur l'*introduction*, les *définitions* de chacune des sortes de mots dont est composée la langue française, et tout ce qui y a rapport dans chaque chapitre.

2° Ils copieront les différentes séries de substantifs; ils devront surtout remarquer, copier plusieurs fois et apprendre par cœur les plus difficiles, ceux dont l'orthographe n'est pas en harmonie avec la prononciation, tels que *acquisition, compter, condamnation, promptitude, solennité*, etc; ceux dans lesquels les mêmes consonnes ou des consonnes différentes sont doublées, tels que dans *attaque, assiette, honneur, occasion, commission, commissionnaire*, etc. ceux où la combinaison de certaines consonnes avec certaines voyelles rend un son qui pourrait induire en erreur sur la véritable manière de l'écrire, tels que dans *cendre, silence, seulement, nécessité, facilité*, etc.; ceux enfin où il se rencontre des voyelles accentuées, liées, composées; un *y*, un *h* muet, un *h* aspiré, une cédille ou un autre signe orthographique, etc.

3° Ils mettront au pluriel quelques substantifs de chaque série, notamment de ceux qui forment irrégulièrement ce nombre; ils indiqueront aussi le féminin de ceux qui en ont un.

4° Ils feront pour les adjectifs ce qui est indiqué au n° 2, pour les substantifs; de plus, ils en joindront quelques-uns, pris parmi les réguliers, et surtout parmi les irréguliers, à des substantifs de chaque genre et de chaque nombre qu'ils mettront ensuite au pluriel.

Ils copieront et apprendront par cœur *les adjectifs indéfinis; les pronoms;* les deux verbes auxiliaires *avoir* et *être* et les quatre verbes *aimer, finir, recevoir, rendre*, sur chacun desquels ils conjugueront plusieurs de ceux qui sont à la suite de ces modèles.

6° Ils copieront également les autres espèces de mots, en remarqueront les plus difficiles, copieront ces derniers plusieurs fois, et les apprendront par cœur.

*Le moyen, par excellence, de stimuler l'ardeur des enfants, ce serait de les faire composer toutes les semaines, et surtout, de donner une récompense quelconque, ne fût-ce qu'une palme, une place d'honneur, etc. à celui qui aurait fait la meilleure composition. Dans ce but, MM. les insti-*

tuteurs les préviendraient quelques jours d'avance, que la composition serait prise dans tels ou tels numéros, afin de leur laisser toute facilité de les apprendre (\*) et au moment de composer, ils leur retireraient leurs manuels, et leur dicteraient ensuite des substantifs, tantôt au singulier, tantôt au pluriel ou qui doivent être mis au pluriel, tantôt accompagnés d'adjectifs réguliers, irréguliers.

Il serait aussi très-important que MM. les Instituteurs fissent repasser de temps en temps les exercices, principalement ceux qui demandent de l'attention, qui présentent des difficultés, parce que les enfants oublient vite ; qu'ils leur donnassent des dictées où il entrerait des substantifs et des adjectifs pris dans toutes les séries, des adverbes, des prépositions, des conjonctions, des verbes de toutes les conjugaisons, à différents temps et à différentes personnes, tels que nous louons, tu louas, elle louera, etc ; il admira, ils admiraient, ils admireraient, admire, etc. ; vous serrez, vous serrerez, etc. ; elle parla, qu'elle parlât, parlons, etc. ; tu as puni, tu avais puni, que tu eusses puni, etc. ; nous étudions, nous étudiions, etc. ; j'aperçus, elle aura aperçu, etc. ; je mangeai, etc. ; ils protègent, etc. ; que nous employions, etc. ; tu répands, répands, je répandrai, etc. ; nous jetons, il jette, etc. ; il appelle, il a appelé, etc. ; je mènerai, vous menez, il a mené, etc. ; nous menaçons, ils menacèrent, ils menacent, etc. ; il supplée, il a suppléé, il suppléera, on raconte, etc. ; *nos armées ont remporté, remporteront la victoire, etc., etc.* ; enfin, qu'ils exigeassent des réponses par écrit, à des questions qui seraient prises parmi celles qui se trouvent à la fin de chaque chapitre.

---

(\*) Il faut bien se rappeler que le point capital, c'est de faire acquérir aux enfants la connaissance orthographique des mots. Il est donc d'une importance majeure qu'ils y apportent la plus grande application possible.

# MANUEL ORTHOGRAPHIQUE
## DES MOTS
## LES PLUS USITÉS DE LA LANGUE FRANÇAISE.

## NOTIONS PRÉLIMINAIRES.

La langue française est composée de neuf sortes de mots, qui sont : le *substantif*, l'*article*, l'*adjectif*, le *pronom*, le *verbe*, l'*adverbe*, la *préposition*, la *conjonction* et l'*interjection*.

Le *substantif*, l'*article*, l'*adjectif*, le *pronom* et le *verbe* sont des mots variables, c'est-à-dire dont la terminaison change ; l'*adverbe*, la *préposition*, la *conjonction* et l'*interjection* sont des mots invariables, c'est-à-dire dont la terminaison ne change jamais.

Ces mots sont composés de lettres ; les lettres se divisent en *voyelles* et en *consonnes*. Les voyelles sont : a, e, i, o, u, y. Elles sont ainsi nommées, parce qu'on peut les prononcer sans le secours des consonnes.

Les consonnes sont : b, c, d, f, g, h, j, k, l, m, n, p, q, r, s, t, v, x, z. On les nomme ainsi, parce qu'on ne peut les prononcer qu'avec le secours des voyelles.

Les voyelles sont tantôt *longues*, et tantôt *brèves*. Les voyelles longues sont celles sur lesquelles on appuie un peu en les prononçant : *pâte, tête, abîme, sainte, côte, voûte*. Les voyelles brèves sont celles que l'on prononce rapidement : *malade, petite, mode, culbute*. C'est surtout l'usage qui apprend à distinguer les voyelles longues des brèves.

Il y a trois sortes d'accents : l'accent *aigu* qui se met sur la plupart des é fermés: *bonté, charité, vérité*, etc.; l'accent *grave* qui se met sur la plupart des è ouverts:

père, mère, succès, etc.; l'accent *circonflexe* qui se met sur la plupart des voyelles longues; *pâte, fête, dépôt, bûche.*

Il y a trois sortes d'*e* : l'*e muet*, qui a un son sourd et peu sensible, comme dans *je, me, de, livre, monde, ce, il aime,* etc.; l'*é fermé*, qui se prononce la bouche presque fermée, comme dans *été, volonté,* etc.; l'*è ouvert*, qui se prononce la bouche un peu plus ouverte que pour l'*é fermé*, comme dans *frère, modèle, regret, elle, exprès,* etc.

L'*y* s'emploie tantôt pour deux *ii*, comme dans *pays, moyen, joyeux,* etc., et tantôt pour un *i*, comme dans *tyran, mystère, hydropique, symétrie, style,* etc.

Il y a deux sortes d'*h* : l'*h muet*, qui ne se prononce pas, comme dans *homme, honneur, histoire,* etc.; l'*h aspiré*, qui fait prononcer du gosier la voyelle suivante, comme dans la *haine*, le *haricot*, la *hardiesse*. On ne lie jamais avec cet *h* la consonne finale du mot précédent; il faut donc prononcer : *de bons haricots*, et non, *de bon zaricots,* etc. Au contraire, on lie avec l'*h* muet la consonne finale du mot précédent : *vos habits.* Prononcez comme s'il y avait *vo zabits,* etc.

On appelle *syllabe* une ou plusieurs lettres qui se prononcent en une seule émission de voix : *jour, pain, vin, lit,* etc. On appelle *monosyllabes*, les mots qui n'ont qu'une syllabe, comme ces quatre derniers; *dissyllabes*, ceux qui en ont deux, *a-mi, é-cu,* etc.; *trissyllabes*, ceux qui en ont trois, *quan-ti-té, li-ber-té,* etc.; et *polysyllabes*, ceux qui ont plus d'une syllabe, *complaisant, générosité, santé,* etc. On nomme *diphthongue* une syllabe dans la prononciation de laquelle on entend deux sons distincts : *moi, Dieu, pied, huilier, viande, je viens,* etc.

QUESTIONS. — Combien y a-t-il de sortes de mots en français? Indiquez ceux qui sont variables, ceux qui sont toujours invariables. De quoi sont composés les mots? Combien y a-t-il de sortes de lettres? Indiquez-les. Pourquoi les voyelles sont-elles ainsi nommées? Pourquoi les consonnes sont-elles ainsi nommées? Qu'appelle-t-on voyelles longues? Donnez-en des exemples. Combien y a-t-il de sortes d'accents? Indiquez-les et écrivez-les. Sur quelles voyelles met-on l'accent aigu, l'accent grave, l'accent circonflexe? Donnez-en des exemples. Combien y a-t-il de sortes d'*e*? Indiquez-les. Donnez-en des exemples. Pourquoi l'*y* s'emploie-t-il? Donnez-en des exemples. Combien y a-t-il de sortes d'*h*? Qu'est-ce que l'*h* muet, l'*h* aspiré? Donnez-en des exemples. Lie-t-on avec l'*h* aspiré la consonne finale du mot précédent? Donnez-en des exemples. Lie-t-on avec l'*h* muet la consonne finale du mot précédent? Donnez-en des exemples. Qu'appelle-t-on syllabes, monosyllabes, dissyllabes, trissyllabes, polysyllabes? Donnez-en des exemples. Qu'appelle-t-on diphthongue? Donnez-en des exemples.

# CHAPITRE I$^{er}$. — *Du Substantif.*

Le *substantif* ou *nom* est un mot qui représente une personne ou une chose. Il y a deux sortes de substantifs : le substantif *commun* qui convient à toutes les personnes ou à toutes les choses de la même espèce, comme *ville, village, cheval, frère, sœur, homme, femme,* etc.; et le substantif *propre*, qui ne convient qu'à une seule personne ou à une seule chose, comme *Paris, la France, la Seine, l'Europe, Dieu, Alexandre, Henri, Virginie, les Alpes, l'Italie, le Rhône,* etc.

Il y a deux genres : le *masculin* et le *féminin*. On connaît qu'un substantif est du genre masculin quand on peut mettre *le* ou *un* avant ce substantif (*) : ainsi un *habit,* le *chien,* le *chapeau,* un *encrier,* un *arbre,* sont du genre masculin. On connaît qu'un substantif est du genre féminin, quand on peut mettre *la* ou *une* avant ce substantif : une *histoire,* la *paresse,* la *prière,* une *amitié,* la *mère,* la *tante,* sont donc du genre féminin.

Les substantifs n'ont ordinairement qu'un genre ; il y a cependant plusieurs substantifs masculins qui ont un féminin que nous avons indiqué.

(*) Quand un substantif commence par une voyelle ou un h muet, il faut toujours essayer de mettre *un* ou *une* avant ce substantif, pour en connaître le genre.

Il y a deux nombres : le *singulier,* quand il n'est question que d'une seule personne ou d'une seule chose, comme *le jardin, un oncle, la plaine,* etc. ; et le *pluriel,* quand il est question de plus d'une personne ou de plus d'une chose, comme *deux chaises, les enfants, plusieurs amis, trois soldats, des jeunes gens, mes parents, tes sœurs, nos cavaliers, vos cahiers,* etc.

On forme le pluriel d'un substantif en ajoutant la lettre S à son singulier : *la bonté, les bontés; le pain, les pains; le fruit, les fruits; la colonne, les colonnes;* etc. Mais il y a des exceptions : nous les ferons connaître au fur et à mesure qu'elles se rencontreront dans les différentes séries de substantifs.

Parmi les substantifs, il y en a qui ne s'emploient qu'au

singulier, comme *la faim*, *la soif*, etc.; il en est d'autres qui ne s'emploient qu'au pluriel, comme *ancêtres*, *funérailles*, etc.; l'usage les apprendra.

### *Substantifs terminés au singulier par A, B, C, D.*

Copiez ces substantifs en les faisant précéder de *le*, *un* (voyez le nota de la page 2); puis, mettez-en quelques-uns au pluriel, en plaçant avant, tantôt un des mots *les*, *des*; tantôt un des mots *mes*, *tes*, *ses*, *nos*, *vos*, *plusieurs*, *deux*, *trois*, etc.; les *acacias*, les *becs*, etc.

Parmi les substantifs en *a*, *b*, ceux qui sont notés du n° 1 prennent un S au pluriel; ceux qui le sont d'un 0 ne se disent pas au pluriel; les autres s'écrivent au pluriel sans S.

1. *Masc.* Acacia[1], agenda[1], alinéa[1], alléluia, bêta[1], brouhaha[0], choléra[0], gala[1], nota, opéra[1], papa[1] (*au fém.* maman), réséda[0], sofa[1] ou sopha[1], tréma[0]; aplomb[0], plomb[1], club[1].

2. *Masc.* Alambic, aqueduc, arc, accroc, bac, banc (*siége*), bec, bloc, broc, busc, choc, cric, croc, duc (*au fém.* duchesse), escroc, estomac, flanc, jonc, lac, marc, mastic, parc, porc, roc, sac, soc, suc (*jus*), tabac, tic, trafic, troc, tronc; abord, accord, billard, bord, brancard, brigand, brouillard, canard, corbillard, crapaud, dard, désaccord, échafaud, étendard, fond (*d'un vase*), gland, gond, hasard, lard, lézard, liard, marchand (*au fém.* marchande), nid, nœud, pétard, pied, plafond, poignard, puisard, réchaud, regard, renard (*au fém.* renarde), retard, tisserand, vieillard.

### *Substantifs terminés au singulier par E.*

Copiez ces substantifs et mettez-en quelques-uns au pluriel: *les ailes*, etc. Ceux qui sont notés d'un astérisque *, ont un féminin que l'on forme en ajoutant SSE à leur singulier masculin: *âne*, *ânesse*, etc.

NOTA. Les substantifs après lesquels il y a un M. sont du genre masculin; tous les autres sont du genre féminin.

3. Abécédaire, *m.*, affaire, affiche, âge, *m.*, aile, aise, aiguille, amande (*fruit*), amende (*peine*), ampoule, analyse, âne*, *m.*, arbre, *m.*, ange, *m.*, apprentissage, *m.*, arcade, attaque, attrape, auberge, aubergiste, *m.*, auge, automne, *m. et f.*, avantage, *m.*, aventure, averse, avoine; bagarre, bague, baignoire, *balançoire, baleine, balle,

bande, banne, bannière, banqueroute, baptême, *m.*, bière, blanchissage, *m.*, blessure, bombe, bottine, bouche, boucle, bourre, braise, bravoure ; cabane, cafetière, cage, campagne, canne, canonnade, capitaine, *m.*, caractère, *m.*, carême, *m.*, carrière, caserne, casserole, cassonade, catéchisme, *m.*, cathédrale, cause, ceinture, chaîne, chaire (*à prêcher.*), chaise, chanvre, *m.*, charpente, châtaigne, chaudière, chauffage, *m.*, chaumière, chaussure, chêne, *m.* (*arbre*), la bonne chère, chèvre, chiffre, *m.*, chiquenaude, chose, cidre, *m.*, cierge, *m.*, cigogne, cimetière, *m.*, cirage, *m.*, cire, coffre, *m.*, coiffure, colère, colle, colline, colonne, commerce, *m.*, commissionnaire, *m.*, commode, comté*, *m.*, compte, *m.* (*calcul*), concombre, *m.*, conte, *m.* (*récit*), coque (*d'œuf* etc.), coquillage, *m.*, couenne, couronne, couturière, couvercle, *m.* (*d'un vase*), couverture (*de lit*), crainte, crampe, cuillère ou cuiller, cuivre, *m.*

4. Dartre, décembre, *m.*, défaite, demande, démarche, désordre, *m.*, dictionnaire, *m.*, dimanche, *m.*, dommage, *m.*, dose, échange, *m.*, écharpe, éclaboussure, éclairage, *m.*, école, écume, écumoire, église, élève, *m.* et *f.*, éloge, *m.*, émeute, empeigne, empire, *m.*, empreinte, encre, engelure, enseigne, épaule, épingle, épouse, épouvante, étoffe, étrenne, étrille, évangile, *m.*, exactitude, excuse.

5. Façade, factionnaire, *m.*, faillite, faîne, fainéantise, farce, fascine, feinte, fenêtre, fente, ferrure, fête, fièvre, flamme, fougue, foule, fourrage, *m.*, fraise, framboise, franchise, fraude, friandise ; gageure, gale, gaule, gencive, gendre, *m.*, gerbe, gerçure, germe, *m.*, gîte, *m.*, gloire, gomme, goutte, graine, grange, grappe, grêle, grève, griffe, grillade, grotte, guêpe, guerre, gueule, guide, *m.*, guide, (*lanière de cuir attachée à la bride.*)

6. Habitude, hache, haine, haleine, herbe, héritage, *m.*, herse, hêtre, *m.*, heure, hotte, houillère, huile ; île, image, injure, inquiétude, insecte, *m.*, intervalle, *m.*, inventaire, *m.*, ivoire, *m.*, ivrogne, *m.*, jambage, *m.*, jambe, jarretière, jauge, jaugeage, *m.*, jeûne, *m.*,

jointure, journaliste, *m.*, jugé, *m.*, jupe, kyrielle.

7. Laine, laitage, *m.*, laitière, lampe, lanterne, lecture, légume, *m.*, lessive, lèvre, lézarde, libraire, *m.*, lieue (*distance*), litière, locataire, *m.*, louange, lumière, luxe, *m.*, luzerne, luzernière; mâchoire, madame, (au *pl.* mesdames), maire, *m.*, maître*, *m.*, malaise, *m.*, mâle, *m.*, malle, manche, *m.* et *f.*, mangeoire, manière, manœuvre, *m.* et *f.*, mare, marque, massacre, *m.*, masure, matière, maxime, mèche, médecine, mégarde, mélange, *m.*, membre, *m.*, ménage, *m.*, mensonge, *m.*, méthode, misère, motte, mousseline, moustache, mule, mystère, *m.*

8. Nageoire, nappe, nèfle, nègre*, *m.*, neige, notaire, *m.*, note, nourriture, novembre, *m.*, nuage, *m.*; obstacle, *m.*, octobre, *m.*, offrande, offre, ombrage, *m.*, ombre, oncle, *m.*, ongle, *m.*, orage, *m.*, orfèvre, *m.*, orge, ornière, orthographe, ovale, *m.*; paire, palissade, pansage, *m.*, paratonnerre, *m.*, paroisse, passade, passage, *m.*, paupière, paysage, *m.*, pêche, peigne, *m.*, peine, peintre, *m.*, pelote, pendule, pensionnaire, pente, pépinière, pépiniériste, *m.*, personnage, *m.*, personne, perte, peuple, *m.*, phrase, pierre, pillage, *m.*, piqûre, plaine, plainte, planche, plante, poêle, *m.* et *f.*, pommade, pomme, pourriture, poussière, prétexte, *m.*, prêtre, *m.* (au *f.* prêtresse, chez les païens), principe, *m.*, promptitude, prophète, *m.*, pupitre, *m.*, pyramide.

9. Quadrupède, *m.* quadruple, *m.* quantième, *m.* quête, queue; raccommodage, *m.*, racine, rallonge, rampe, rancune, ratière, récolte, redingote, règne, *m.*, remède, *m.*, rencontre, repasseuse, république, reste, *m.*, revanche, rhumatisme, *m.*, rhume, *m.*, rigole, rinçure, rivière, rixe, rognure, rougeole, royaume, *m.*; salaire, *m.*, salle, saule, *m.*, scène, sciage, *m.*, sciure, semaine, septembre, *m.*, serrure, sexe, *m.*, siècle, *m.*, siège, *m.*, signe, *m.*, singe, *m.*, une somme, un somme, sottise, souffle, *m.*, soupière, spectacle, *m.*, suffrage, *m.*, symptôme, *m.*; tabatière, tache, tâche (besogne), tante, taxe, teinture, télégraphe, *m.*,

tempe, tempête, tente (de soldats), tétière, théâtre, *m.*, tôle, tonne, tonnerre, *m.*, tourtière, traître*, *m.*, tranche, trappe, trèfle ; *m.*, treillage, *m.*, triage, *m.*, tringle, trône, *m.*, tuile, tulipe, tumulte, *m.*;

10. Urine, usage, *m.*, ustensile, *m.*, vaccine, vache, veilleuse, veine, vente, ventre, *m.*, verre (à boire), *m.*, veste, viande, *m.*, vicaire, *m.*, vidange, vierge, vignoble, *m.*, vinaigre, *m.*, virole, visage ; *m.*, visière, voyage, *m.*

*Substantifs terminés au singulier par ANCE, ENCE, ANSE, ENSE, INCE, ONCE, ONSE, UCE, AIE, OIE, OUE, UE.*

Copiez ces substantifs et mettez-en quelques-uns au pluriel : *les avances*, etc. Distinguez bien les unes des autres les différentes terminaisons des substantifs de ces séries et de toutes les suivantes, et copiez-les plusieurs fois.

11. *Fém.* Abondance, aisance, arrogance, assistance, avance, balance, bienfaisance, bienveillance, chance, circonstance, complaisance, confiance, connaissance, constance, contenance, correspondance, défaillance, défiance, délivrance, dépendance, désobéissance, distance, échéance, élégance, enfance, espérance, extravagance, ignorance, importance, imprévoyance, instance, insouciance, jactance, jouissance, malveillance, méfiance, naissance, nonchalance, nuance, obéissance, obligeance, ordonnance, persévérance, pétulance, plaisance, prestance, prévenance, prévoyance, puissance, quittance, reconnaissance, réjouissance, remontrance, répugnance, résistance, ressemblance, souffrance, subsistance, substance, suffisance, surveillance, tempérance, vacance, vengeance, vigilance, vraisemblance.

12. *Fém.* Absence, affluence, apparence, clémence, concurrence, confidence, connivence, conscience, conséquence, convalescence, décadence, différence, diligence, évidence, exigence, existence, expérience, faïence, impatience, impertinence, imprudence, impudence, indifférence, indulgence, indigence, indolence, intelligence, négligence, patience, pénitence, préférence, présence,

prudence, révérence, science, semence, sentence, le silence, violence, urgence, virulence.

13. *Fém.* Contredanse, danse, gansé, panse, transe; défense, dépense, dispense, offense, récompense; annonce, once, semonce; réponse; pince, un prince, (au *fém*: princesse), province; astuce, puce.

14. *Fém.* Craie, baie, monnaie, plaie, raie, taie; courroie, le foie, joie, oie, proie, soie; bajoue, houe, joue, roue; avenue, bévue, charrue, étendue, grue, issue, mue, retenue, revue, rue, sangsue, tenue, venue, vue.

*Substantifs terminés au singulier par IE, RIE.*

Copiez ces substantifs et mettez-en quelques-uns au pluriel: *les avanies*, etc.

15. *F.* Avanie, bougie, bouillie, calomnie, cérémonie, chronologie, comédie, compagnie, démocratie, énergie, envie, étymologie, fantaisie, frénésie, garantie, le génie, géographie, harmonie, un incendie, ineptie, inertie, infamie, jalousie, lie, maladie, manie, le Messie, mie, ortie, le parapluie, partie, perfidie, physionomie, pie, pluie, prophétie, saisie, scie, suie, vessie, vie, vilenie, zizanie; agacerie, argenterie, barbarie, batterie, bizarrerie, boucherie, boulangerie, brasserie, broderie, distillerie, duperie.

16. *F.* Ecurie, effronterie, épicerie, escroquerie, espièglerie, étourderie, flatterie, fonderie, friponnerie, furie, galanterie, gaucherie, gendarmerie, gloutonnerie, hâblerie, imprimerie, industrie, infanterie, infirmerie, laiterie, librairie, lingerie, maçonnerie, mairie, métairie, moquerie, mousqueterie, mulinerie, niaiserie, orangerie, pâtisserie, patrie, plaisanterie, poulerie, prairie, raillerie, scierie, singerie, tannerie, tapisserie, taquinerie, tracasserie, tricherie, tromperie, tuerie, tuilerie, verrerie, voirie.

*Substantifs terminés au singulier par ACE, ASSE, AISSE, ECE, ISSE, ICE, OCE, OSSE, ORCE, ORSE, ONCE, ONSE, OURCE, OURSE, ONCE, OUSSE.*

Copiez plusieurs fois ces substantifs, et mettez-en quelques-uns au pluriel: *les traces,* etc.

17. *Fém.* Audace, besace, un espace, face, farce, glace, grâce, grimace, place, populace, race, surface, trace ; bécasse, basse, carcasse, chasse, classe, crasse, crevasse, cuirasse, échasse, filasse, masse, potasse, tasse, terrasse ; caisse, graisse ; espèce, nièce ; adresse, caresse, bassesse, délicatesse, détresse, faiblesse, finesse, hardiesse, jeunesse, messe, mollesse, paresse, politesse, promesse, richesse, sagesse, tendresse, tristesse, vieillesse.

18. *Masc.* Bénéfice, calice, caprice, délice, hospice, indice, précipice, service, supplice, vice. *Fém.* Cicatrice, complice, *m.* et *f.*, épice, justice, malice, nourrice, police ; bâtisse, coulisse, cuisse, écrevisse, jaunisse, réglisse, saucisse ; le négoce, noce, le sacerdoce, bosse, brosse, un carrosse, un colosse, cosse, crosse, endosse, fosse, rosse ; amorce, écorce, force ; entorse ; source, ressource ; bourse, course ; le pouce ; pousse, secousse ;

*Substantifs terminés au singulier par AILLE, EILLE, ELLE, ILLE, EUILLE, OUILLE, ETTE, UTTE.*

Copiez ces substantifs et mettez-en quelques-uns au pluriel: *les cailles,* etc.

19. *F.* Antiquaille, bataille, caille, écaille, ferraille, maille, paille, rocaille, semaille, taille, volaille ; abeille, bouteille, corbeille, oreille, veille.

20. *Fém.* Bagatelle, bretelle, cervelle, chapelle, demoiselle, dentelle, échelle, écuelle, flanelle, gamelle, hirondelle, javelle, mademoiselle, mirabelle, moelle, nouvelle, pelle, querelle, ruelle, sauterelle, selle, semelle, sentinelle, vaisselle, vermicelle, *m.*

21. *Fém.* Aiguille, anguille, bisbille, chenille, cheville, coquille, étrille, famille, grille, guenille, lentille,

quille, vrille ; andouille, brouille, citrouille, grenouille, houille, quenouille, rouille.

22. *Fém.* Allumette, alouette, assiette, baguette, baïonnette, bûchette, casquette, cassette, charrette, chaussette, collerette, côtelette, dette, épaulette, fauvette, fourchette, galette, gazette, girouette, jaquette, lorgnette, mazette, miette, noisette, omelette, piquette, roulette, serpette, serviette, sonnette, toilette, violette; butte, cahutte, hutte, lutte.

*Substantifs terminés au singulier par É, ÉE.*

- Copiez ces subst. et mettez-en quelques-uns au plur. : *les abbés*, etc.

23. *Masc.* Abbé (au *f.* abbesse), arrêté, associé (au *f.* associée), blé, carré, côté, curé, deshabillé, échaudé, été, fossé, marché, négligé, péché, pré, procédé, résumé, traité.

24. *Fém.* Agilité, adversité, ancienneté, anxiété, assiduité, autorité, beauté, capacité, charité, cherté, civilité, commodité (avantage), difficulté, dignité, docilité, dureté, facilité, fausseté, fierté, fraternité, générosité, grossièreté, habileté, honnêteté, humanité, humilité, impossibilité, indemnité, légèreté, liberté, malhonnêteté, moitié, nécessité, nouveauté, opiniâtreté, pauvreté, piété, pitié, proximité, qualité, quantité, rareté, réalité, royauté, santé, simplicité, sincérité, société, solennité, sûreté, témérité, tranquillité, unanimité, variété, vérité, vivacité, volonté, volupté, voracité.

25. *Masc.* Athée, coryphée, lycée, mausolée, musée, protée, trophée.

26. *Fém.* Allée, année, araignée, armée, arrivée, assemblée, augée, becquée, bordée, bouchée, brouettée, cavée, chambrée, charretée, chaudronnée, chaussée, cheminée, chicorée, cognée, contrée, corvée, couvée, criée, croisée, cuillerée, denrée, destinée, diarrhée, dictée, dragée, durée, échappée, échauffourée, écuellée, enjambée, entrée, épée, équipée, étuvée, fourchettée, fessée, fiancée, fournée, fricassée, fumée, fusée, galimafrée, gelée, giboulée, giroflée, gorgée, idée, journée, lampée,

livrée, matinée, mêlée, nichée, nuée, pellée ou pelletée ou pellerée, pensée, percée, pesée, picorée, pincée, platée, poignée, portée, potée, poupée, poussée, prisée, purée, rangée, rentrée, risée, rosée, sachée, saignée, soirée, suée, tournée, traînée, tranchée, trouée, vallée, veillée, volée.

*Substantifs terminés au singulier par F, G, H, AI, I, OI, UI, K.*

Copiez plusieurs fois ces subst. et mettez-en quelques-uns au plur.: *les bœufs*; ceux qui sont notés du nº 1, prennent un *e* muet au féminin.

27. *Masc.* Bœuf, canif, captif, cerf (au *fém.* biche), clef, grief, juif (au *fém.* juive), massif, motif, la nef (d'une église), nerf, œuf, relief, suif, tarif, veuf (au *fém.* veuve), vomitif; bourg, étang, faubourg, hareng, joug, poing, rang, sang, zigzag; almanach.

28. *Masc.* Abri, ami[1], apprenti[1], appui, balai, bouilli, canari, charivari, cri, défi, délai, démenti, essai, ennemi[1], ennui, épi, établi, étui, la fourmi, geai, jeudi, lundi, mai, mardi, mari, mercredi, midi, oubli, pari, parti, pli, quai, relai, samedi, vendredi; carrick; convoi, désarroi, effroi, émoi, emploi, envoi, la foi, la loi, octroi, la paroi, roi (au *fém.* reine).

*Substantifs terminés au singulier par AIL, AL, EIL, OEIL, IEL, EL, IL, OIL, OL, EUIL, EUL, UEIL, UL, M.*

Copiez d'abord les subst. en *Ail, Al*, et mettez-les au plur.; mais faites bien attention aux observations suivantes: ceux qui sont en *ail*, prennent un *s* au plur.: *le détail, les détails*, etc., excepté *bail, corail, émail, soupirail, travail* qui font: *baux, coraux, émaux, soupiraux, travaux*; ceux qui sont en *AL*, changent *AL* en *AUX* et jamais en *eaux*: *le mal, les maux*, etc.

29. *Masc.* Camail, éventail, gouvernail, poitrail, portail, rail; amiral, animal, bocal, canal, caporal, cheval, cristal, général, hôpital, journal, local, maréchal, métal, signal, tribunal, etc. EXCEPTIONS. Bal, cal, carnaval, pal, régal prennent un S. *les bals*, etc.

Copiez ensuite les autres subst. en *l*; mettez-en quelques-uns au plur., en ajoutant un S à leur sing.; les *conseils*, etc.; voy. les exceptions à la fin de la série.

30. *Masc.* Appareil, conseil, orteil, réveil, soleil, sommeil; fiel, miel, appel, autel, casuel, colonel, dégel, duel, hôtel, sel; avril, babil, baril, chenil, cil, coutil, exil, fil, fusil, grésil, gril, outil, péril, persil, profil, sourcil; poil; bol, parasol, rossignol, sol, tournesol, vitriol, vol; accueil, cercueil, cerfeuil, deuil, écureuil, fauteuil, seuil, orgueil, recueil; filleul (au *fém.* filleule), glaïeul, linceul, tilleul; consul.

EXCEPTIONS. *Ciel* fait au plur. *ciels*, dans les *ciels* de *lit*, de *tableau*; dans le sens de *climat*: *l'Italie est sous un des plus beaux ciels de l'Europe*. Il fait *cieux* dans les autres cas : *les cieux annoncent la gloire de Dieu*. *Aïeul*, signifiant *grand-père*, prend un *s* au plur. et a pour *fém. aïeule*; il fait aussi au plur. *aïeux*, mais seulement dans le sens d'*ancêtres*: *mes deux aïeuls sont morts depuis six ans*; *il a perdu depuis peu son aïeule maternelle* (sa grand'mère); *nos aïeux étaient plus simples que nous*, etc. *OEil*, désignant l'organe de la vue, les trous du pain, du fromage, etc., fait au plur. *yeux* (Aca.); il fait *œils* dans *les œils-de-bœuf* (petites lucarnes).

31. *Masc.* Essaim, la faim, factotum, nom, parfum, pensum, prénom, pronom, renom, surnom.

*Subst. term. au sing. par AIN, EIN, AN, AON, EN, IEN, YEN, IN.*

Copiez plusieurs fois ces subst., et mettez-en quelques-uns au plur.: *les bains*, etc. Ceux qui sont notés d'un n° 1, prennent un *E* muet au fém., *nain, naine*, etc.; ceux qui le sont du n° 2, prennent deux *N* et un *E* muet, *paysan, paysanne*, etc.

32. *Masc.* Airain, bain, étain, gain, lendemain, levain, la main, nain[1], pain, parrain (au *fém.* marraine), regain, républicain[1], souterrain, terrain ou terrein, train; dessein (*projet*), frein, rein, sein (*de la terre*). An, artisan, ban, bataclan, bilan, cadran, cancan ou quanquan, carcan, charlatan, chenapan, cran, élan, empan, flan (sorte de pâtisserie); la maman, ouragan, partisan, plan, tan,

tympan, tyran, van (pour vanner), volcan; Faon (petit d'une biche), paon², taon (grosse mouche). Prononcez : fan, pan, tan. Amen, examen.

33. *Masc.* Bien, biscaïen, chien², chirurgien, chrétien², comédien², examen, historien, lien, maintien, mécanicien, musicien², parisien², paroissien², soutien, vaurien; citoyen², concitoyen², doyen², moyen².

34. *Masc.* Assassin, baladin, bambin, bassin, boudin, brin, bulletin, butin, calepin, chagrin, chemin, cousin¹, coussin, crin, crottin, dessin, échevin, fantassin, la fin, gamin, jardin, lapin¹, lin, magasin, matin, médecin, moulin, orphelin¹, parchemin, pépin, rabbin, raisin, sapin, serin (oiseau), tocsin, traversin, vin.

*Substantifs terminés au sing. par CON, GEON, ION, OIN, OUIN, GOUIN, UIN, ON.*

Copiez ces subst., remarquez bien ceux qui prennent la cédille sous le (C); ceux qui ont un e, après le g pour en adoucir la prononciation. Mettez-en quelques-uns au plur. : les caleçons, etc. Ceux qui sont notés du n° 1 prennent un *E* muet au fém., *coquin, coquine*, etc.; ceux qui le sont du n° 2, prennent deux *NN* et un *E* muet, *baron, baronne*, etc.

35. *Masc.* Caleçon, étançon, garçon (au *fém.* fille), hameçon, limaçon, maçon, pinçon (*marque sur la peau qui a été pincée*), soupçon, tançon; la contrefaçon, la façon, la leçon; bourgeon, fromageon, pigeon, sauvageon; croupion, espion, lampion, million. *Fém.* Communion, désunion, légion, opinion, religion, réunion, union. *Masc.* Besoin, coin ou coing (*fruit*), coin, groin, sainfoin, soin, témoin; baragouin, sagouin¹, juin, arlequin, brodequin, casaquin, coquin¹, faquin, mannequin, maroquin, requin, taquin¹.

36. *Masc.* Abandon, artison, bâillon, ballon, baron², bataillon, bâton, bonbon, bouchon, boulon, bourdon, bouton, brouillon², buisson, caisson, canton, carafon, carillon, carton, charbon, chardon, charron, chaudron, chausson, chiffon, compagnon (au *fém.* compagne), cordon, coton, coupon, crayon, cresson, croûton, démon, dindon (au *fém.* dinde), don, dragon, échantillon, éche-

lon, éperon, flacon, flocon, forgeron, fripon[2], frisson, gazon, giron, glouton[2], grelon, guignon.

37. *Masc.* Haillon, hanneton, jambon, jupon, laiton, marron, menton, moignon, oignon ou ognon, paillasson, papillon, patron[2], pinson (oiseau), poison, poisson, polisson[2], poltron[2], postillon, quarteron, rayon, rejeton, rognon, saucisson, sillon, son (*de blé*), etc., talon, ton, vallon, vigneron[2], violon. *Fém.* Boisson, chanson, combinaison, comparaison, cuisson, demangeaison, fenaison, fleuraison ou floraison, foison, garnison, guérison, liaison, livraison, maison, moisson, prison, raison, saison, trahison, toison.

### Substantifs terminés au singulier par SION, SSION, TION, STION, XION.

Copiez plusieurs fois ces substantifs et mettez-en quelques-uns au pluriel: *les adhésions*, etc.

38. *Fém.* Adhésion, contorsion, décision, dispersion, exclusion, occasion, pension, vision; commission, compassion, confession, démission, discussion, expression, omission, possession, procession, succession.

39. *Fém.* Accusation, acquisition, application, approbation, attention, augmentation, autorisation, bénédiction, circulation, communication, condition, conservation, considération, consolation, consommation, correction, corruption, crispation, délibération, discrétion, dissipation, distinction, élévation, estimation, exagération, exécution, exemption, exhortation, expédition, explication, fabrication, fixation, fréquentation, habitation, hésitation, humiliation, illumination, imitation, indignation, infection, inondation, instruction, intention, interruption, invention, justification, modération, nation, obligation, occupation, pétition, plantation, précaution, précipitation, présomption, prétention, punition, réception, recommandation, récréation, section, sédition, signification, sollicitation, spéculation, sujétion, supposition, taxation, tentation, transaction, vexation, violation; digestion, gestion, indigestion, question, complexion, fluxion, génuflexion, réflexion.

*Substantifs terminés au singulier par O, P, Q.*

Copiez ces substantifs et mettez-en quelques-uns au pluriel : *les bravos*, etc.

40. *Masc.* Bravo, domino, duo, écho, incognito (sans plur.), loto, numéro, quiproquo, trio, vertigo, zéro ; camp, cap, cep, champ, drap, galop, loup (au *fém.* louve) ; coq, (au *fém.* poule).

*Substantifs terminés au singulier par AIR, AR, ER, IR, OR, OUR, UR, YR.*

Copiez ces substantifs et mettez-en quelques-uns au pluriel : *les airs*, etc. Ceux qui sont notés du n° 1 prennent un *E* muet au féminin, et un accent grave sur l'*E* qui précède la finale *re : la bergère*, etc.

41. *Masc.* Air, la chair, éclair, cauchemar, char, hangar ; berger[1], boucher[1], boulanger[1], clocher, danger, déjeuner ou déjeuné, dîner ou dîné, enfer, fer, hiver, goûter, loyer, la mer, messager[1], noyer, pêcher, plancher, potager, rocher, souper ou soupé, verger ; avenir, cuir, désir, plaisir, repentir, soupir, souvenir ; abreuvoir, arrosoir, aspersoir, comptoir, démêloir, désespoir, dressoir, encensoir, entonnoir, éteignoir, mouchoir, peignoir, pressoir, rasoir, soir, trottoir ; butor, cor, major, or, trésor ; bonjour, chaufour, contour, la cour, détour, four, jour, labour, retour, séjour, tambour, la tour, un tour ; mur ; martyr.

*Substantifs terminés au singulier par EUR, TEUR.*

Copiez ces substantifs. Ceux en *eur* et en *teur* qui sont notés du n° 1, changent au féminin *EUR* en *EUSE*, et *TEUR* en *TEUSE*, *balayeur, balayeuse*, etc., *porteur, porteuse*. Ceux en *TEUR* qui sont notés du n° 2, changent *TEUR* en *TRICE* : *adorateur, adoratrice*. Mettez-en quelques-uns au féminin, et au pluriel de chaque genre.

42. *Masc.* Accapareur, agresseur, artilleur, bailleur[1] (qui baille), bonheur, brasseur, brodeur[1], chargeur, chasseur[1], chœur (d'église), cœur, colleur, couvreur, défenseur, dégraisseur, devineur[1], déshonneur, enjôleur[1], entrepreneur[1], faneur[1], faucheur, fossoyeur, fraudeur[1], honneur, imprimeur, ingénieur, loueur[1], malheur, mois-

sonneur[1], monsieur (au *fém.* madame, au *pl.* messieurs), nourrisseur, offenseur, oppresseur, paveur, payeur, pêcheur[1] (qui attrape du poisson), piqueur, plaideur[1], pleureur[1], possesseur, pourvoyeur, professeur, promeneur, ramoneur, receveur, relieur, rempailleur[1], revendeur[1], rêveur[1], rogneur[1], ronfleur[1], rôtisseur[1], sauveur, scieur, seigneur, sieur (au *fém.* dame), sonneur, sapeur, successeur, tailleur, tanneur, trafiqueur, travailleur[1], troqueur, vainqueur.

46. *Fém.* Aigreur, blancheur, chaleur, douceur, épaisseur, fleur, fraîcheur, frayeur, grandeur, grosseur, horreur, humeur, laideur, largeur, longueur, maigreur, peur, raideur, rigueur, rougeur, sueur, terreur, vigueur, odeur. — *Ambassadeur* fait au féminin *ambassadrice*; *empereur, impératrice*; *gouverneur, gouvernante*; *pécheur (qui commet des péchés), pécheresse*; *vendeur (dont la profession est de vendre), vendeuse*; *vendeur (d'une propriété), venderesse*; *vengeur, vengeresse*.

44. *Masc.* Acheteur[1], acteur[2], bienfaiteur[2], brocanteur, chanteur[1], consommateur, corrupteur[2], créateur[2], directeur[2], distillateur, électeur[2], facteur, flatteur[1], la hauteur, imposteur, instituteur[2], lecteur[2], la lenteur, menteur[1], malfaiteur, protecteur[2], quêteur[1], rédacteur, réparateur, restaurateur, sculpteur, spectateur[2], tuteur[2], vérificateur. *Débiteur* (de nouvelles), fait *débiteuse* au féminin; *débiteur* (qui doit à un autre), *débitrice*; *serviteur, servante*.

*Substantifs terminés au singulier par IER.*

Copiez ces subst.; mettez-en quelques-uns au plur. : les *aciers*, etc. Ceux qui sont notés du n° 1, prennent, au fém., un e muet et l'accent grave sur l'E qui précède la finale *re*: *meunier, meunière*; etc.

45. *Masc.* Acier, atelier, banquier, barbier, batelier[1], bâtonnier, bélier, bottier, bouquetier[1], brasier, brigadier, cabaretier[1], cahier, carrossier, chapelier[1], charcutier[1], charpentier, châtaignier, chicanier, contrebandier[1], cordonnier[1], courrier, créancier[1], cuirassier, cuisinier[1], encrier, douanier, drapier, écolier[1], épicier[1], escalier, étrier, faïencier[1], fermier[1], février, gosier, greffier, gre-

nier, héritier¹, huilier, huissier, infirmier¹, janvier, jardinier¹, laurier, marronnier, menuisier, métier, mobilier, noisetier, officier, ouvrier¹, papier, perruquier¹, peuplier, poirier, pommier, quartier, rentier¹, sanglier, savetier, sellier, sentier, serrurier, soulier, tapissier¹, tavernier¹, teinturier¹, trésorier, usurier¹, vannier, verrier.

### Substantifs terminés au singulier par *ACS, AIS, APS, ARS, AS, ENS, ÈS, ETS, IS, ITS, OIS, OS, OURS, US, DS, GS, PS, ES, ERS, YS.*

Les substantifs terminés au singulier par *S* s'écrivent de même au pluriel. Copiez plusieurs fois ces substantifs. Ceux qui sont notés du n. 1, prennent un *E* muet au féminin.

46. *Masc.* Lacs (de soie, de crin); biais, dais (d'église), engrais, français¹, laquais, marais, niais¹, palais (d'un prince, de la bouche), rabais, relais; laps; jars, mars; amas, as, atlas, bas, bras, cabas, cadenas, canevas, cas, cervelas, chasselas, débarras, échalas, embarras, fatras, fracas, galimathias, haras, lilas, matelas, pas, repas, taffetas, tas, tracas, trépas, vasistas, verglas; avis, la brebis, buis, chenevis, coloris, commis, débris, fils, gâchis, lambris, lis (fleur), logis, marquis, mépris, paradis, permis, pis, puits, ramassis, ris (*action de rire*), semis, souris, la souris, surplis, tamis, tapis, taudis, vernis, une vis; legs; encens, sens; revers, univers, abcès, accès, décès, excès, grès, procès, progrès, succès; mets, entremets; printemps, temps; bois, bourgeois¹, une fois, mois, patois, poids (*pour peser*), pois (*légume*), villageois¹; corps; remords; clos, dos, os, propos, repos, fonds (*de magasin*); discours, secours, velours; abus, angelus, chorus, jus, pus, refus, talus, verjus; pays; pouls (*tâter le pouls*).

### Substantifs qui ne s'emploient qu'au pluriel.

Copiez ces subst. en mettant devant un des mots : *ces, des, mes, tes, ses, nos, vos.*

47. *Masc.* Abois, ancêtres, arrérages, assistants, combattants, consorts, crétons, décombres, dépens, ébats, échecs (*jeu*), les environs, épinards, fonts (de baptême),

frais, gages (salaire des domestiques), intestins, matériaux, ossements, pleurs, rogatons, vivres.

48. *Fém.* Arrhes, balayures, bésicles, brisées, broussailles, commodités (*latrines*), complies, conserves (*pour la vue*), eaux-et-forêts, échasses, entrailles, entraves, entrefaites, fiançailles, filandres, funérailles, hardes, latrines, litanies, mathématiques, mœurs, mouchettes, obsèques, pincettes, représailles, tenailles, vêpres.

*Substantifs terminés au singulier par ANT, ENT.*

Copiez plusieurs fois ces substantifs, mettez-en quelques-uns au pluriel: *les chants*, etc. Ceux qui sont notés du n° 1 prennent un E muet au *féminin*.

49. *Masc.* Adjudant, battant, chant, calmant, clinquant, débitant¹, débutant¹, diamant, éléphant, enfant, étudiant, excédant, excitant, fabricant, fendant, gant, géant¹, gérant¹, habitant¹, instant, intendant¹, mendiant¹, néant, négociant, passant, penchant, pendant, perdant¹, piquant, représentant, remplaçant, surveillant¹, taillant, tournant, traficant, tranchant, volant.

50. *Masc.* Abaissement, abattement, abonnement, abornement, abouchement, abrégement, abrutissement, accablement, accaparement, accent, accident, accommodement, accompagnement, accomplissement, accourcissement, accoutrement, accroissement, acharnement, acheminement, achèvement, acquiescement, acquittement, adoucissement, affaiblissement, affermissement, affublement, agacement, agent, agrandissement, agrément, aiguisement, ajournement, alignement, aliment, allégement, amaigrissement, amendement, ameublement, amollissement, amusement, anéantissement, antécédent, aplatissement, appartement, appauvrissement, appesantissement, applaudissement, appointement, apprivoisement, approvisionnement, argent, argument, armement, arpent, arrachement, arrangement, arrondissement, arrosement, assaisonnement, assentiment, assoupissement, assujettissement, attachement, avancement, avènement, avent, avertissement, aveuglement, avilissement, bâillement, balancement, bannissement,

bâtiment, battement, bégaiement, bêlement, beuglement, blanchiment, bombardement, bouleversement, bourdonnement, boursoufflement, bredouillement, brisement, broiement, bruissement.

51. *Masc.* Cantonnement, cautionnement, chancellement, changement, chargement, châtiment, chatouillement, chuchotement, classement, clignement, coassement (*cri des grenouilles*), commandement, commencement, complément, compliment, consentement, convalescent, couronnement, creusement, croassement (*cri du corbeau*), croisement, croupissement.

52. *Masc.* Débarquement, débordement, déboursement, débrouillement, déchaînement, déchargement, déchiffrement, découragement, décrochement, décroissement, dédommagement, défrichement, dégourdissement, dégrèvement, délaissement, délassement, délogement, démembrement, déménagement, une dent, département, dépérissement, déplacement, dérangement, déréglement, désagrément, dessèchement, développement, divertissement; ébranlement, échauffement, éclaircissement, écoulement, écroulement, élancement, élément, expédient; gémissement, gouvernement, grincement, grognement; habillement, hennissement; inconvénient; jappement, jugement; lavement, logement.

53. *Masc.* Mandement, mécontentement, ménagement, miaulement, moment, monument, mouvement, mugissement; nantissement; onguent; pansement, paravent, parent, paiement ou paîment ou payement, perfectionnement, placement, présent, pressentiment; rabaissement, raccommodement, raccourcissement, raffermissement, raffinement, rafraîchissement, raisonnement, rapprochement, rassemblement, ravissement, recueillement, refroidissement, régiment, règlement, remerciment ou remerciement, remplacement, renchérissement, renfoncement, renouvellement, renversement, ressentiment, resserrement, rétablissement, retranchement, rétrécissement; sacrement, saisissement, secoûment ou secouement, sentiment, sergent, serment, serpent, serrement, sifflement, supplément.

54. *Masc.* Talent, tempérament, testament, tiraille-

ment, torrent, tourment, traitement, tremblement, trépignement, tressaillement, vent, versement, vêtement, vomissement.

## Substantifs terminés au singulier par ACT, AINT, AIT, ART, AT, AUT, INCT.

Copiez plusieurs fois ces substantifs et mettez-en quelques-uns au pluriel : les *faits*, etc. Ceux qui sont notés du n° 1, prennent un E muet au féminin.

55. *Masc.* Tact ; la Toussaint ; bienfait, extrait, fait forfait, lait, méfait, portrait, retrait, souhait, trait; art, départ, écart, la hart, la part, la plupart, quart, rempart; achat, appât, attentat, assassinat, avocat[1], bât, candidat, certificat, chat (au *fém.* chatte), chocolat, climat, colzat ou colza, combat, contrat, crachat, dégât, éclat, état, fat, forçat, format, goujat, magistrat, mandat, odorat, pensionnat, pissat, plat, rachat, rat, résultat, soldat; artichaut, assaut, défaut, levraut, saut, sursaut, instinct.

## Substantifs terminés au sing. par ERT, ET, GUET, QUET.

Copiez plusieurs fois ces substantifs et mettez-en quelques-uns au pluriel, *les couverts*, etc.

56. *Masc.* Concert, couvert, dessert, désert; arrêt, aspect, banquet, bilboquet, billet, binet, bluet, bonnet, bosquet, boulet, bouquet, bourrelet, brevet, briquet, brochet, buffet, cabinet, cabriolet, cachet, caquet, carnet, carrelet, chapelet, chardonneret, chenet, chevalet, chevet, colifichet, cordonnet, cornet, corset, couperet, couplet, coussinet, creuset, crochet, débet, déchet, décret, droguet, duvet, effet, estaminet, feuillet, flageolet, flanchet, fleuret, forêt, foret (outil), fouet, furet, genêt, gibet, gobelet, godet, gourmet, gousset, guichet, guillemet, haquet, hochet, hoquet, intérêt, jarret, jet, jouet, juillet, lacet, livret, loquet, maillet, martinet, mollet, moulinet, muguet, mulet, navet, objet, œillet, osselet, ourlet, palet, paltoquet, paquet, parapet, parquet, perroquet, piquet, pistolet, placet, plumet, poignet, poulet (au *fém.* poulette),

préfet, prêt, projet, protêt, quinquet, quolibet, reflet, regret, rejet, respect, ricochet, robinet, roitelet, rousselet, sachet, secret, sifflet, signet, sobriquet, sommet, soret ou sauret, soufflet, stylet, sujet, surjet, tabouret, tiret, toupet, tourniquet, trajet, tranchet, trébuchet, valet, verset, volet.

*Substantifs terminés au singulier masculin par* IT, IST, UIT, OIGT, OINT, OIT, ORT, OT, OUT, UNT, UT.

Copiez plusieurs fois ces substantifs et mettez-en quelques-uns au pluriel, *les bruits*, etc. Ceux qui sont notés du n° 1, prennent un *E* muet au fém.

57. *Masc.* Accessit, appétit, bandit, biscuit, bruit, circuit, conduit, conscrit, contredit, crédit, débit, dédit, déficit, délit, discrédit, dépit, écrit, enduit, esprit, fruit, habit, lit, minuit, la nuit, pissenlit, produit, profit, récit, réduit, répit, usufruit ; doigt ; appoint, embonpoint, joint, point ; détroit, droit, endroit, exploit, surcroît, toit ; affront, front, mont, pont ; apport, effort, un fort, la mort, un mort[1], rapport, renfort, ressort, sort, support, tort ; abricot, angelot, ballot, cachot, cahot, caillot, calicot, chariot, chicot, coquelicot, culot, dépôt, la dot, écot, complot, entrepôt, escargot, fagot, falot, flot, fricot, gigot, goulot, grelot, idiot[1], impôt, jabot, lingot, haricot, lot, magot, maillot, manchot[1], marmot, matelot, mot, mulot, nabot[1], pavot, pivot, pot, rabot, rot, rôt (rôti) sabot, sanglot, suppôt, tricot, trot ; août, atout, bout, dégoût, goût, ragoût ; affût, attribut, but, début, fût, rebut, salut, statut, tribut.

*Substantifs terminés au singulier par* AU, EAU, EU, IEU, OU.

Copiez plusieurs fois les substantifs en *au* et en *eau*, et distinguez-les bien les uns des autres. Ils prennent tous un *X* au pluriel, quand toutefois ils en ont un, ainsi que ceux qui sont terminés par *eu*, *ieu*, excepté ceux en *ou*, qui prennent un *S*. Mettez-en au pluriel quelques-uns de chaque terminaison : *les boyaux*, etc.

58. *Masc.* Aloyau, boyau, étau, gluau, gruau, hoyau, joyau, sarrau, senau, tuyau ; anneau, appeau, arbrisseau, arceau, baliveau, bandeau, barbeau, barreau, ba-

tardeau, bateau, bedeau, berceau, bigarreau, boisseau, bordereau, bourreau, cadeau, carreau, cerceau, cerneau, cerveau, chameau, chapeau, château, chéneau, chevreau, ciseau (de menuisier), corbeau, cordeau, coteau, couteau, cuveau, drapeau, écheveau, étourneau, faisceau, fardeau, flambeau, fléau, fourneau, fourreau, gâteau, hameau, lambeau, manteau, marteau, moineau, monceau, morceau, museau, naseau, niveau, oiseau, panneau, la peau, perdreau, pinceau, pineau (raisin), plateau, poireau ou porreau, poteau, pourceau, pruneau, radeau, rameau, râteau, rideau, roseau, rouleau, ruisseau, scéau, seau (vase), sureau, tableau, taureau, terreau, tombereau, tonneau, tourteau, traîneau, tréteau, trumeau, tuileau, vaisseau, vanneau, veau; adieu, aveu, caïeu, cheveu, désaveu, enjeu, essieu, feu, jeu, lieu, milieu, moyeu, neveu (au *fém.* nièce), vœu; clou, cou, coucou, filou, licou, matou, mou, sou, trou, verrou. Les sept substantifs suivants: bijou, caillou, chou, genou, hibou, joujou, pou, prennent au plur. un *x* au lieu d'un *s*, *les bijoux*, etc.

### *Substantifs terminés au singulier par X, Y, Z.*

Les substantifs terminés au singulier par *x*, *z*, s'écrivent de même au pluriel: *les choix, les nez.* Copiez-les.

59. *Masc.* Choix, courroux, creux, crucifix, époux, factieux, faix (fardeau), faux, flux, galeux, houx, nécessiteux, phénix; prix, reflux, saindoux, spiritueux, taux. *Fém.* Chaux, faux, paix, poix, perdrix, toux, voix; *m.* jury (au *pl.* des jurys); gaz, nez, riz ou ris.

QUESTIONS.— Qu'est-ce que le nom ou substantif? Combien y en a-t-il de sortes? Qu'est-ce que le substantif commun? Qu'est-ce que le substantif propre? Donnez des exemples de substantifs communs, de substantifs propres. Combien y a-t-il de genres? Comment connaît-on qu'un substantif est du genre masculin, du genre féminin? Donnez des exemples. Combien y a-t-il de nombres? Indiquez-les. Comment connaît-on qu'un substantif est au singulier, au pluriel? Donnez des exemples.

NOTA. Les élèves doivent épeler les mots qu'ils donnent pour exemples.

Comment forme-t-on généralement le pluriel dans les subst.? Donnez-en des exemples. Les substantifs terminés au singulier par *s*, *x*, *z*, changent-ils au pluriel? Donnez-en des exemples. Comment forme-t-on le pluriel des substantifs en *au*, *eau*, *eu* ? Donnez-en des exemples. Indiquez les substantifs en *ou* qui, au pluriel, prennent un *x* au lieu d'un *s*. Comment forme-t-on le pluriel du substantif en *al* ? Donnez-en des exemples. Tous les substantifs en *al* changent-ils *al* en *aux* ? Indiquez-en quelques-uns. Comment forme-t-on le pluriel des substantifs en *ail* ? Donnez-en des exemples. Indiquez ceux qui changent *ail* en *aux*. Indiquez le pluriel de *ail*, *aïeul*, *ciel*, *œil*. Indiquez le féminin de quelques substantifs terminés au singulier masculin par *d*, par *e*, par *f*, par *i*, par *ien*, par *in*, par *ain*, par *yen*, par *on*. Comment forme-t-on le féminin des substantifs en *eur*, en *teur*, quand ils en ont un ? Indiquez le féminin de *ambassadeur*, *empereur*, *gouverneur*, *pécheur*, *monsieur*, *sieur*. Indiquez le pluriel de *monsieur*, *madame*. Comment les substantifs ou les adjectifs en *teur* forment-ils leur féminin quand ils en ont un ? Citez-en quelques-uns de chaque terminaison. Indiquez le féminin de *serviteur*. Indiquez le féminin de quelques substantifs en *ier*, *is*, *ais*, *ois*, *ait*, *at*, *et*, *ot*, *eur*, qui en ont un.

## CHAPITRE II. — *De l'Article.*

L'article est un mot qui sert principalement à indiquer le genre et le nombre des substantifs.

Les articles sont *le*, qui se met avant un nom masculin singulier commençant par une consonne ou un *h* aspiré : *le père*, *le hameau*, etc.; *la*, qui se met avant un nom féminin singulier commençant aussi par une consonne ou un *h* aspiré : *la mère*, *la haine*, etc. ; *les*, qui se met avant les noms pluriels des deux genres : *les frères*, *les sœurs*, *les amis*, etc. On les nomme *articles simples*.

Quand un nom masculin ou féminin singulier commence par une voyelle ou un *h* muet, on met, pour l'oreille, *l'*, au lieu de *le*, *la* : *l'argent*, *l'homme*, *l'oreille*, *l'histoire*, etc.

Il y a quatre mots qu'on nomme *articles composés*, ou *contractes*, parce qu'ils renferment l'un des mots *de*, *à*, et l'un des articles *le*, *les*, ce sont : *du*, *au*, *des*, *aux* : *le talent du maître*, pour *de le maître* ; *parlez au général*, pour *à le général* ; *les fruits des arbres*, pour *de les arbres* ; *obéis aux lois*, pour *à les lois*, etc. La grammaire et l'usage en apprendront l'emploi.

QUESTIONS. — Qu'est-ce que l'*article* ? Indiquez les articles simples. Indiquez-en l'emploi. Donnez-en des exemples. Dans quel cas met-on *l'* au lieu de *le*, *la* ? Donnez-en des exemples. Indiquez les articles composés.

## CHAPITRE III. — De l'Adjectif.

L'*adjectif* est un mot qui exprime une qualité, une manière d'être du substantif. Quand on dit : un homme *méchant*, une *jolie* fleur, le *bon* livre, les mots *méchant, jolie, bon*, sont des adjectifs, parce qu'ils expriment les qualités des substantifs *homme, fleur, livre*.

On connaît qu'un mot est adjectif quand on peut y joindre un des mots *personne* ou *chose*.

Il y a deux sortes d'adjectifs : les adjectifs *qualificatifs* et les adjectifs *déterminatifs*. Les adjectifs qualificatifs s'ajoutent aux substantifs pour en exprimer une qualité, tels sont ceux des exemples précédents.

Les adjectifs se mettent au même genre et au même nombre que les substantifs qu'ils qualifient. On forme le féminin des adjectifs en ajoutant un *e* muet à ceux qui ne sont pas terminés au singulier masculin par un *e* muet : *grand, grande; poli, polie; petit, petite; saint, sainte; mauvais, mauvaise;* etc. Les exceptions sont indiquées dans les séries d'adjectifs.

Les adjectifs terminés au masculin par un *e* muet, s'écrivent de même au féminin : le *frère sage*, la *sœur sage*, etc.

Le pluriel des adjectifs se forme comme celui des substantifs, par l'addition d'un *s* au singulier de chaque genre : *vrai, vrais; vraie, vraies;* etc. Les exceptions sont indiquées dans les séries d'adjectifs.

### Des adjectifs déterminatifs.

Les adjectifs *déterminatifs* se joignent aux substantifs pour en déterminer la signification en y ajoutant une idée, soit de nombre ou d'ordre, soit d'indication, soit de possession, soit de généralité; de là quatre sortes d'adjectifs déterminatifs : 1° les adjectifs *numéraux*, qui se divisent en *cardinaux*, lesquels servent à compter ou à marquer une quantité, comme *un, deux, trois, quatre, cinq, six, sept, huit, neuf, dix, onze, douze, treize, quatorze, quinze, seize, dix-sept, dix-huit, dix-neuf, vingt, trente, quarante, cinquante, soixante, cent, mille,* etc., et en *ordinaux* qui marquent l'ordre, le rang, comme *premier, second,* etc.

On forme des cardinaux tous les nombres ordinaux, excepté *premier* et *second*, en ajoutant *ième* à ceux qui finissent par une des consonnes *n*, *s*, *t*, *x*, et *uième*, à ceux qui finissent par *q* : *un*, *un-ième*; *deux*, *deux-ième*; *trois*, *trois-ième*; *sept*, *sept-ième*; *cinq*, *cinq-ième*, *six*, *six-ième*, etc.

Dans ceux qui finissent par *f*, on change *f* en *vième*, *neuf*, *neu-vième*, etc.; et ceux qui finissent par *e*, changent cet e en *ième* : *onze*, *onz-ième*; *douze*, *douz-ième*, etc. *Premier* et *second* font *première* et *seconde*, ils forment régulièrement leur féminin.

2° Les adjectifs *démonstratifs*, qui sont : *ce*, *cet*, pour le masculin singulier ; *cette*, pour le féminin singulier ; *ces*, pour le pluriel des deux genres.

On emploie *ce* avant un nom masculin qui commence par une consonne, ou un *h* aspiré, et *cet* si le nom masculin commence par une voyelle ou un *h* muet : ce *soldat*, ce *héros*, cet *oiseau*, cet *honneur*, cette *table*, ces *livres*, ces *plumes*.

3° Les adjectifs *possessifs*, qui sont : *mon*, *ton*, *son*, pour le masculin singulier; *ma*, *ta*, *sa*, pour le féminin singulier ; *notre*, *votre*, *leur*, pour le singulier des deux genres; *mes*, *tes*, *ses*, *nos*, *vos*, *leurs*, pour le pluriel des deux genres. *Mon*, *ton*, *son*, s'emploient aussi au singulier féminin, au lieu de *ma*, *ta*, *sa*, avant les substantifs et les adjectifs féminins commençant par une voyelle ou un *h* muet : mon *âme*, ton *épée*, son *aimable mère*, ton *histoire*, etc. 4° Les adjectifs *indéfinis*, qui sont : *chaque*, *même*, *autre*, *quelque*, *quelconque*, pour les deux genres; *aucun* masc., *aucune* fém.; *certain* masc., *certaine* fém.; *nul*, masc., *nulle* fém.; *quel* masc., *quelle* fém.; *tel* masc., *telle* fém.; *tout* masc., *toute* fém.; *plusieurs* pour les deux genres. Ajoutez un s pour le pluriel de chaque genre : *mêmes*, *certains*, *certaines*, etc.

*Chaque* ne prend jamais la marque du pluriel; *tout* fait *tous* au pluriel masculin. Les adjectifs *numéraux cardinaux* sont invariables : on m'a payé les quatre, les cinq, les douze francs qu'on me devait. Cependant *vingt* et *cent* varient dans certains cas. Voyez Grammaire.

Joignez quelques adjectifs déterminatifs à des substantifs singuliers de chaque genre, et mettez-les ensuite au pluriel.

### Adjectifs terminés au singulier masculin par C.

Ces adjectifs font exception à la règle de la formation du féminin dans les adjectifs. Ce sont : *blanc, franc, caduc, grec, public, sec, turc,* qui sont au féminin : *blanche, franche, caduque, grecque, publique, sèche, turque.*

Copiez ces adjectifs ; joignez-les à des substantifs singuliers de chaque genre et mettez-les ensuite au pluriel : *l'arbre sec, les arbres secs ; la toile sèche, les toiles sèches,* etc.

### Adjectifs terminés au singulier masculin par D.

Copiez ces adjectifs ; joignez-en quelques-uns à des substantifs de chaque genre que vous mettrez ensuite au pluriel : *le fer chaud, les fers chauds ; la table ronde, les tables rondes,* etc.

60. Babillard, bavard, braillard, cagnard, camard, campagnard, chaud, courtaud, criard, friand, froid, gaillard, goguenard, gourmand, grand, laid, lourd, lourdaud, musard, nigaud, noiraud, poissard, profond, rond, rustaud, second, truand, vagabond.

### Adjectifs terminés ou sing. masc. par un E muet.

Copiez ces adjectifs et joignez-en quelques-uns à des substantifs de chaque genre et de chaque nombre : *le chemin rude ; la main rude ; les jours calmes ; les nuits calmes,* etc.

61. Abominable, abordable, absurde, acariâtre, acceptable, accessible, accommodable, accordable, accostable, âcre, acide, admissible, adverse, affable, agile, agréable, aigre, aimable, alerte, aliénable, alimentaire, alphabétique, altérable, amiable, ample, analogue, anarchique, angélique, antique, apathique, apercevable, apostolique, applicable, âpre, apte, aquatique, arbitraire, aride, aromatique, atroce, auguste, auriculaire, austère, authentique, avare, aveugle.

62. Balsamique, barbare, baroque, bizarre, blâmable, blanchâtre, blême, bleuâtre, brunâtre, brusque, burlesque.

63. Calculable, calme, candide, capable, caractéristique, catégorique, catholique, caustique, célèbre, céleste, centuple, champêtre, charitable, chaste, chauve, chiche,

chimérique, classique, cochère (porte), comble, combustible, comique, commerçable, commode, compacte, comparable, compatible, compréhensible, concevable, conciliable, condamnable, conforme, considérable, consolable, contestable, contradictoire, contraire, coriace, corrigible, corruptible, coupable, crédule, croyable, cupide.

64. Débile, débonnaire, déchiffrable, défavorable, défendable, démocratique, déraisonnable, dérisoire, désagréable, déshonnête, désirable, despotique, détestable, diabolique, difficile, difforme, digne, disciplinable, disciplinaire, discrétionnaire, disponible, docile, domiciliaire, dommageable, domptable, douceâtre ; échangeable, économe, économique, efficace, effroyable, élastique, énorme, épidémique, épistolaire, épouvantable, équitable, espiègle, estimable, excusable, exécrable, exécutable, exécutoire, exigible, explicable, exprimable, extraordinaire, extrême ; facile, faible, ferme, féroce, fertile, fidèle, fixe, flexible, folâtre, formidable, fourbe, fragile, frivole, funèbre, funeste, futile ; gauche, gigantesque, grêle, grisâtre, grotesque, guéable, guérissable ; habile, habitable, haïssable, héréditaire, hérétique, historique, honnête, honorable, honoraire, honorifique, horrible, humide ;

65. Illégitime, illicite, illisible, illusoire, illustre, imaginable, imaginaire, imbécile, imitable, immanquable, immense, immobile, immuable, impardonnable, impayable, impénétrable, imperceptible, imperturbable, impie, impitoyable, implacable, impossible, impraticable, inabordable, inaccessible, inadmissible, inamovible, inapplicable, inappréciable, incalculable, incapable, incommode, incomparable, incompatible, incompréhensible, inconcevable, inconsolable, incontestable, incorrigible, incorruptible, incrédule, incroyable, inculte, incurable, indébrouillable, indéchiffrable, indestructible, indigeste, indigne, indisciplinable, indispensable, indocile, indomptable, indubitable, inébranlable, ineffaçable, inepte, inépuisable, inévitable, inexcusable, inexécutable, inexorable, inexplicable, inexprimable, inexpugnable, infaillible, infâme, infatigable, infidèle, infirme,

2*

inflammable, inflammatoire, inflexible, informe, ingambe, inhabile, inhabitable, inimaginable, inimitable, inintelligible, inique, injuste, innombrable, insaisissable, insalubre, insatiable, insensible, inséparable, insigne, insipide, insoluble, insolvable, insupportable, insurmontable, intarissable, intègre, intelligible, intermédiaire, interminable, intime, intolérable, intraitable, intrépide, inutile, invariable, invincible, inviolable, invisible, involontaire, invraisemblable, invulnérable, irascible, irréparable, irrépréhensible, irréprochable, irrésistible, irrévocable, irritable, ivre.

66. Jaunâtre, jaune, jeune, judiciaire, justiciable, justifiable; laconique, ladre, lamentable, large, légitime, limpide, liquide, lisible, littéraire, logeable, louable, louche, lugubre; magnanime, magnifique, maigre, malhonnête, malpropre, mangeable, maussade, méconnaissable, médiocre, mélancolique, mémorable, méprisable, méritoire, mettable, minime, misérable, moderne, modeste, modique, moindre, morne; navigable, nécessaire, négociable, nuisible; obligatoire, oblique, oculaire, ordinaire, originaire; pacifique, paisible, pâle, palpable, pardonnable, passable, patriotique, pauvre, payable, pénible, perfide, pitoyable, praticable, précoce, préférable, préparatoire, présentable, présumable, probable, probe, prodigue, profitable, propice, propre, punissable.

67. Quadruple, quantième, quintuple, quitte; rachetable, raisonnable, rance, rare, rebelle, réciproque, recommandable, reconnaissable, redevable, redoutable, remarquable, remboursable, réparable, répréhensible, respectable, responsable, revêche, révocable, riche, révolutionnaire, ridicule, risible, risquable, raide, rougeâtre; sage, saisissable, sale; salutaire, sanguinaire, sanitaire, secourable, semblable, sensible, serviable, sévère, simple, sincère, sinistre, sobre, solitaire, solvable, sombre; souhaitable, soutenable, splendide, stationnaire, stérile, stomachique, stupide, suave, sublime, superbe, supportable, suprême, susceptible; taciturne, téméraire, temporaire, tenable, tenace, tendre, terrible, tolérable, traitable, tranquille, transportable, tricolore,

triple, triste, trouble; unanime, uniforme, unique, usuraire; vague, valétudinaire, valide, variable, vaste, vendable, vénérable, verdâtre, véridique, véritable, versatile, vexatoire, visible, vite, vivace, volage, volontaire, vorace, vraisemblable, vulgaire, vulnérable.

*Adjectifs terminés au sing. masc. par un É fermé.*

Copiez ces adjectifs et joignez-en quelques-uns à des substantifs de chaque genre que vous mettrez ensuite au pluriel : *le renard rusé, les renards rusés ; la servante rusée, les servantes rusées*, etc.

68. Abandonné, accommodé, achevé, affairé, affamé, affligé, aîné, allumé, appliqué, apprêté, assuré, avisé, azuré; boisé, bourgeonné, brûlé; carré, cendré, creusé; chiffonné, compliqué, comprimé, cuirassé; décharné, dégoûté, déguenillé, débauché, délié, démesuré, dénaturé, dentelé, dénué, déréglé, désespéré, désintéressé, désœuvré, déterminé, dressé; ébouriffé, écervelé, échevelé, éclopé, efféminé, effronté, élancé, emmêlé, emprunté, enchanté, enjoué, enragé, entêté, envoisiné, erroné, escarpé, étiolé, exagéré, excepté; fêlé, foncé, forcené, fortuné, fourré, futé; huppé; illimité, improvisé, inaccoutumé, inanimé, inappliqué, inarticulé, incommodé, inconsidéré, indéterminé, indiscipliné, indisposé, indompté, inespéré, inexpérimenté, infortuné, inhabité, inoccupé, inopiné, insensé, insubordonné, intentionné, intéressé, inusité; lettré, lézardé; malaisé, malavisé, malintentionné, maniéré, marbré, masqué, membré, miroité, modéré, momentané; notarié; obligé, obstiné, opprimé; perlé, pourpré, prématuré, privilégié, qualifié; réglé, rusé; sacré, sensé, simultané, spontané; taché, tacheté, tigré, timbré, timoré; usité; varié, veiné, velouté, voilé, voûté; zélé.

*Adjectifs terminés au sing. masc. par F., G. (irréguliers au féminin). Les adj. en F changent, au fém., F en VE; et ceux en G changent G en GUE : actif, active ; long, longue, etc.*

Copiez ces adj. et joignez-en quelques-uns à des subst. de chaque genre que vous mettrez ensuite au pluriel : *l'œil vif, les yeux vifs ; une eau vive, les eaux vives ; le cou long, les cous longs ; la corde longue, les cordes longues*, etc.

69. Abusif, actif, administratif, admiratif, adoptif, affirmatif, afflictif, approbatif, approximatif, attentif ; bref, brief ; captif, commémoratif, communicatif, confirmatif, conjonctif, consécutif, contemplatif, convulsif, corrosif, craintif ; décisif, défectif, défensif, définitif, délibératif, dépuratif, descriptif, destructif, déterminatif, digestif, distinctif, distributif, dubitatif ; effectif, estimatif, excessif, excitatif, exclamatif, exclusif, exécutif, expéditif, explicatif, expressif ; facultatif, fautif, fictif, fugitif, furtif ; grief ; bâtif ; imitatif, inactif, inoffensif, instructif, intempestif, inventif, justificatif ; législatif, locatif, lucratif ; maladif, massif, méditatif, mémoratif, naïf, natif, neuf (*nouveau*), nutritif ; offensif, oisif ; partitif, passif, pensif, persuasif, plaintif, portatif, positif, possessif, poussif, préservatif, présomptif, primitif, processif, productif, progressif, purgatif ; rébarbatif, relatif, représentatif, répressif, respectif ; sauf, significatif, subversif, successif ; tardif ; vif, vindicatif. — Long, oblong.

*Adjectifs terminés au sing. masc. par AI, I.*

Copiez ces adjectifs et joignez-en quelques-uns à des substantifs de chaque genre que vous mettrez ensuite au pluriel : *un vrai ami, de vrais amis ; la nouvelle vraie, les nouvelles vraies*, etc.

70. Gai, vrai ; abruti, accompli, affranchi, ahuri, banni, ennemi, étourdi, fleuri, hardi, impoli, impuni, infini, inouï, irréfléchi, poli, rebondi, réfléchi, terni, transi.

Exceptions. *Coi* et *favori* font au fém. *coite* et *favorite*.

*Adjectifs terminés au sing. masc. par AL.*

Le fém. des adj. en *al*, se forme régulièrement, mais le pl. masc. se forme irrégulièrement dans le plus grand nombre ; ils changent *al* en *aux* et jamais en *eaux* ; quelques-uns prennent un *s* ; d'autres ne s'emploient pas au pl. masc. Ceux qui sont notés du n° 1 prennent un *s* à ce nombre ; ceux qui sont notés du n° 2 changent *al* en *aux* ; ceux qui le sont d'un 0 n'ont point de pl. masc. Copiez ces adjectifs et joignez-en quelques-uns de ceux qui sont notés des n°ˢ 1, 2, à des substantifs de chaque genre que vous mettrez ensuite au pluriel : *un conseil amical, des conseils amicaux ; une lettre ami-*

cale, des lettres amicales; un procédé loyal, des procédés loyaux; une démarche loyale, des démarches loyales, etc.

71. Amical[1], automnal[0]; baptismal[2], brutal[2]; capital[2], cardinal[2], central[0], colonial[2], communal[2], conjugal[2]; décimal[2], déloyal[2], départemental[2]; fatal[1]; fondamental[2], frugal[1], général[2], glacial[1], illégal[2], immoral[2], impartial[2], inégal[2], infernal[2], instrumental[0]; légal[2], libéral[2], loyal[2]; médical[2], médicinal[0], méridional[2], monumental[0], moral[2], municipal[2], musical[2]; nasal[1], natal[1], national[2], normal[0], ordinal[2], oriental[2], original[2], paroissial[0], pascal[1], patrimonial[2], patronal[0], principal[2], pronominal[2]; radical[2], rhumatismal[0], royal[2], rural[2]; sacerdotal[2], social[2], spécial[2]; total[2], trivial[2]; verbal[2], vicinal[2].

*Adjectifs terminés au sing. masc. par EL, EIL, IEL, IL, UL.*

*Tous les adjectifs terminés au sing. masc. par EL, EIL, IEL, doublent l'L au fém. avant l'e muet final. Ceux en IL, UL, ne le doublent pas,* excepté *gentil* qui fait *gentille.*

Copiez ces adjectifs et joignez-en quelques-uns à des substantifs de chaque genre, que vous mettrez ensuite au pluriel: *le lion cruel, la lionne cruelle, les lions cruels, les lionnes cruelles,* etc.

72. Accidentel, actuel, annuel, artificiel, conditionnel, confidentiel, corporel, correctionnel, criminel, cruel; essentiel, éternel, éventuel; formel, fraternel; graduel, habituel; immortel, industriel; matériel, maternel, mortel, mutuel; naturel; officiel; originel; pareil, partiel, paternel, perpétuel, personnel, pestilentiel, pluriel, ponctuel, proportionnel; réel; sensuel, solennel, spirituel, substantiel, superficiel, surnaturel; temporel; universel, usuel; vermeil; civil; incivil; puéril; subtil; vil, seul, soûl.

*Adjectifs terminés au sing. masc. par AIN, ÉEN, EIN, IEN, IN, ON, YEN.*

*Les adjectifs en AIN, EIN, IN ne prennent qu'un E muet au fém.; mais ceux en ÉEN, IEN, ON, YEN, doublent l'N au fém. avant l'E muet final:* etc. européen, européenne ; ancien, ancienne ; bon, bonne ; moyen, moyenne, *etc*. Châtain *ne s'emploie pas au fém*. ; bénin *et* malin *font* bénigne *et* maligne.

<small>Copiez ces adjectifs et joignez-en quelques-uns, surtout de ceux qui doublent l'*N* au fém., à des substantifs de chaque genre, que vous mettrez ensuite au pluriel : *un peuple humain, la loi humaine, un vaisseau européen, les lois humaines, des vaisseaux européens, une coutume européenne, les coutumes européennes,* etc.</small>

73. Certain, contemporain, diocésain, germain, hautain, humain, incertain, inhumain, lointain, malsain, mondain, nain, plain (*uni*), prochain, républicain, sain (*sans infirmités*), souterrain, vain, vilain ; européen ; plein (*rempli*), serein, ancien, chrétien, quotidien ; calin, chagrin, divin, enclin, enfantin, fin, lambin, mutin, sanguin, taquin, voisin ; bon, bouffon, brouillon, glouton, grison, mignon, polisson, poltron ; brun, commun, importun, inopportun, opportun ; mitoyen, moyen.

*Adjectifs terminés au sing. masc. par AIR, ER, IER, OIR, EUR, IEUR, UR. — Ces adjectifs prennent un E muet au fém. y compris ceux en EUR, qui sont notés du n° 2 ; mais ceux en EUR, qui sont notés du n° 1, changent au fém. EUR en EUSE ; ceux en ER, IER, prennent l'accent grave sur l'E avant la finale RE,* chère, dernière, *etc.*

<small>Copiez plusieurs fois ces adjectifs ; joignez-en quelques-uns à des substantifs de chaque genre que vous mettrez ensuite au pluriel : *le vin clair, l'eau claire ; les vins clairs, les eaux claires,* etc.</small>

74. Clair, impair, pair ; cher, étranger, gaucher, ménager, mensonger, passager, viager ; altier, carnassier, casanier, cavalier, chipotier, dépensier, dernier, droitier, entier, familier, fier, foncier, forestier, fruitier (*), grimacier, grossier, guerrier, hospitalier, immobilier, inhospitalier, irrégulier, mobilier, moutonnier, ordurier, particulier, printanier, rancunier, régulier, roturier, séculier, singulier, premier, traversier ; bâilleur [1] (qui

---

<small>(*) Nota. *Fruitier* signifiant *qui produit des fruits* n'a pas de fém. ; signifiant *qui vend des fruits*, il est substantif, et fait *fruitière* au féminin.</small>

vaille), boudeur[1], cajoleur[1], clabaudeur[1], complimenteur[1], connaisseur[1], causeur[1], craqueur[1], criailleur[1], diseur[1], donneur[1], enjôleur[1], dormeur[1], flâneur[1], flagorneur[1], gageur[1], gausseur[1], grogneur[1], grondeur[1], loueur[1], liseur[1], louangeur[1], mâcheur[1], majeur[2], mangeur[1], marcheur[1], meilleur[2], meneur[1], mineur[2], moqueur[1], parleur[1], preneur[1], prôneur[1], querelleur, rabâcheur[1], railleur[1], raisonneur[1], ravaudeur[1], receleur[1], ricaneur[1], rieur[1], rôdeur[1], rongeur[1], songeur[1], traîneur[1], trembleur[1], tricheur[1], trompeur[1]; antérieur, extérieur, inférieur, intérieur, postérieur, supérieur, ultérieur; noir; dur, futur, impur, mur, obscur, pur, sûr, (*certain*).

*Adjectifs terminés au sing. masc. par AIS, ARS, AS, ERS, ÈS, IS, OIS, ORS, US.*

Copiez plusieurs fois ces adjectifs qui prennent un *E* muet au fém.; joignez-en quelques-uns à des substantifs de chaque genre que vous mettrez ensuite au pluriel: *un mauvais devoir, de mauvais devoirs; une mauvaise poire, de mauvaises poires*, etc.

75. Français, mauvais, niais; épars; ras; divers, pervers; bis, concis, exquis, gris, indécis, indivis, insoumis, précis; matois, sournois; retors; camus, confus, diffus, inclus, perclus, reclus.

EXCEPTIONS: — Les adjectifs *bas, épais, exprès, gras, gros, las*, doublent, au fém., l'*S* avant l'*E* muet: *basse, épaisse, expresse, grasse, grosse, lasse. Frais* fait *fraîche*, et *tiers, tierce*. Joignez tous ces adjectifs à des substantifs de chaque genre que vous mettrez ensuite au pluriel: *un ordre exprès, des ordres exprès; une défense expresse, les défenses expresses*, etc.

*Adjectifs terminés au sing. masc. par ANT, ENT.*

Copiez plusieurs fois ces adjectifs; joignez-en quelques-uns à des substantifs de chaque genre que vous mettrez ensuite au pluriel: *un jardin charmant, des jardins charmants; une fête charmante, des fêtes charmantes*, etc.

76. Abrutissant, accablant, accommodant, adoucissant, agaçant, aggravant, alarmant, ambulant, amusant, appétissant, arrogant, assoupissant, assujettissant, attendrissant, attrayant, avilissant, béant, bienfaisant, bienséant, bienveillant, bouillant, brillant, brûlant, bruyant; ca-

ressant, cassant, chagrinant, chancelant, changeant, charmant, choquant, clairvoyant, compatissant, complaisant, comptant (*argent*), conciliant, concluant, confiant, consolant, constant, contrariant, convaincant, croupissant, cuisant; déchirant, décourageant, défiant, dégoûtant, dégouttant, dépendant, déplaisant, désespérant, déshonorant, désobéissant, désobligeant, désolant, déterminant, discordant, distant, divertissant, dominant, dormant, éblouissant, échauffant, éclatant, édifiant, effrayant, élégant, embarrassant, encourageant, endurant, engageant, enivrant, ennuyant, errant, étincelant, étonnant, étouffant, étourdissant, exigeant, exorbitant, extravagant, fainéant, fatigant, flagrant, florissant, fortifiant, frappant, frétillant, fringant.

77. Gênant, gisant, glissant, gluant, grimpant; humiliant; ignorant, important, imprévoyant, inconstant, inconvenant, indépendant, infamant, inquiétant, insignifiant, insinuant, insouciant, insuffisant, insultant, intempérant, intéressant, intolérant, intrigant; jaillissant; languissant, luisant; malfaisant, malséant, malsonnant, malveillant, marquant, massacrant, méchant, médisant, méfiant, menaçant, méprisant, messéant, mordant, mortifiant; mugissant, naissant, nonchalant; obligeant, odorant, odoriférant, offensant, outrageant; pendant, perçant, pesant, pétillant, piquant; plaisant, poignant, prévenant, prévoyant, puant, puissant, rafraîchissant, ragoûtant, rampant, rassurant, rebutant, reconnaissant, redondant, remuant, repentant, repoussant, répugnant, resplendissant, ressemblant, révoltant, riant; saillant, sanctifiant, sanglant, satisfaisant, savant, séant, séduisant, souffrant, stagnant, suffisant, suffocant, suppliant, surabondant, surprenant, tentant, touchant, tourmentant, traînant, tranquillisant, tremblant, tremblotant, triomphant; vacant, vaillant, verdoyant, vigilant, vivant, voyant.

78. Absent, adhérent, apparent, ardent; clément, compétent, confident, conséquent, content; décent, différent, diligent, dolent; éloquent, éminent, émollient, évident, excellent; féculent, fervent, fréquent;

imminent, impatient, impertinent, impotent, imprudent, impudent, incohérent, incompétent, inconséquent, indécent, indifférent, indigent, indolent, indulgent, influent, inhérent, innocent, insolent, intelligent; lent; malcontent, mécontent; négligent; opulent; patient, permanent, précédent, présent, prudent; récent; succulent, transparent, turbulent; urgent; véhément, violent, virulent.

*Autres adjectifs terminés au sing. masc. par T.*

Copiez plusieurs fois ces adjectifs; joignez-en quelques-uns à des substantifs de chaque genre que vous mettrez ensuite au pluriel: *un morceau délicat; des morceaux délicats; une rue étroite, des rues étroites,* etc.

79. Délicat, désert, dévot, direct, distrait, distinct, droit; étroit, exact, exempt, expert; fort, fortuit; gratuit; haut; idiot, imparfait, incorrect, inexact, infect, ingrat; intact; maladroit; parfait, petit, plat, prêt, prompt; saint; scélérat, strict; stupéfait; subit, suspect; vert.

EXCEPTIONS. — Les adjectifs en *ET* doublent le *T* au fém.: *cadet, cadette; fluet, fluette; muet, muette; net, nette; douillet, douillette;* etc.; cependant *complet, concret, discret, incomplet, indiscret, inquiet, replet, secret* ne doublent pas le *T*, mais ils prennent l'accent grave sur l'*É* avant la finale *TE: complète,* etc., *sot* et *vieillot* doublent aussi le *T* au fém., *sotte, vieillotte.* Joignez ces adjectifs à des substantifs de chaque genre que vous mettrez ensuite au pluriel: *un cahier net, des cahiers nets; la main nette, les mains nettes;* etc.

*Adjectifs terminés au sing. masc. par U, EAU, OU.*

Les adjectifs terminés en *U* prennent un *E* muet au fém.: absolu, absolue, etc.; ceux qui sont terminés par *GU*, prennent au fém. le tréma sur l'ë: aiguë, aiguës, etc. Quant aux adjectifs jumeau, beau, nouveau, fou et mou, dont le plur. masc. est: jumeaux, beaux, nouveaux, fous, mous, ils font au sing. fém.: jumelle, belle, nouvelle, folle, molle. Ils ont encore, excepté jumeau, une autre forme au sing. masc. bel, nouvel, fol, mol, qu'on emploie avant un nom sing. masc. commençant par une voyelle ou un *H* muet: fol espoir; nouvel habit, etc.

Copiez plusieurs fois ces adjectifs, et joignez-en quelques-uns, surtout de ceux en GU, en EAU et en OU, à des substantifs de chaque genre que vous mettrez ensuite au pluriel : un mur contigu, les murs contigus ; une muraille contiguë, des murailles contiguës.

80. Absolu, aigu, ambigu, ardu, assidu ; barbu, bienvenu, biscornu, bleu, bourru, branchu ; charnu, chevelu, contigu, continu, cossu, cru ; dissolu, dodu, dru ; écru ; éperdu, exigu ; fourchu ; goulu, grenu ; imbu, imprévu, inaperçu, inattendu, inconnu, indu, ingénu, irrésolu, joufflu ; membru, menu, moussu ; nu ; ossu, pansu, patu ; pointu ; révolu ; superflu ; têtu, tortu, touffu, vermoulu.

*Adj. term. au sing. masc. par X, (invariables au pl. m.)*

Les adj. en X changent, au fém. X en SE : honteux, honteuse, etc. *Excepté* doux, faux, roux et vieux *qui font* : douce, fausse, rousse et vieille. — Vieux *fait encore* vieil, *au sing. masc. avant un mot commençant par une voyelle ou un H muet* : vieil ami, vieil homme, *ou* vieux ami, vieux homme.

Copiez plusieurs fois ces adjectifs ; joignez-en quelques-uns, et surtout *doux, faux, roux et vieux*, à des substantifs de chaque genre que vous mettrez ensuite au plur : un heureux évènement, les heureux évènements ; la nation heureuse, les nations heureuses, etc.

81. Affectueux, affreux, ambitieux, artificieux, astucieux, audacieux, avantageux, avaricieux, aventureux ; baveux, bienheureux, boiteux, boueux, bourbeux, brumeux ; cagneux, calomnieux, capiteux, capricieux, cérémonieux, chanceux, chassieux, consciencieux, contagieux, copieux, cotonneux, courageux, coûteux, crapuleux, crasseux, creux, curieux ; dangereux, dédaigneux, défectueux, délicieux, désastreux, désavantageux, désireux, disgracieux, dispendieux, doucereux, douloureux, douteux ; ennuyeux, envieux, épineux ; fameux, fangeux, farineux, fougueux, frauduleux, frileux, furieux ; généreux, glorieux, gracieux ; haineux, hargneux, hideux, honteux, huileux ; ignominieux, impétueux, industrieux, ingénieux, injurieux, irréligieux.

82. Jaloux, joyeux, judicieux, juteux ; laborieux, laineux, licencieux, lumineux ; majestueux, malencon-

treux, malheureux, malicieux, marécageux, matineux, mélodieux, merveilleux, minutieux, miraculeux, miséricordieux, moelleux, monstrueux, montueux, morveux, mousseux; neigeux, nerveux, nombreux; odieux, officieux, ombrageux, onéreux, orageux, orgueilleux, oublieux; paresseux, périlleux, pernicieux, peureux, pierreux, pieux, piteux, pleureux, pluvieux, poissonneux, pompeux, populeux, poudreux, précieux, présomptueux, prodigieux; quinteux; raboteux, rameux, religieux, respectueux, rigoureux, ruineux; sableux, sablonneux, savonneux, savoureux, scandaleux, séditieux, sérieux, silencieux, soigneux, somptueux, soucieux, soupçonneux, soyeux, spacieux, spécieux, spiritueux, studieux, ténébreux, tortueux, tumultueux; valeureux, vénéneux, vénimeux, vertueux, vicieux; victorieux, vineux.

QUESTIONS. Qu'est-ce que l'adjectif? Comment connaît-on qu'un mot est adjectif? Indiquez des adjectifs. Combien y en a-t-il de sortes? Indiquez-les. A quoi servent les adjectifs *qualificatifs* ? Comment l'adjectif s'accorde-t-il avec son substantif? Donnez-en des exemples et épelez-les. Comment forme-t-on le féminin des adjectifs qui ne sont pas terminés au sing. masc. par un e muet ? Donnez-en des exemples et épelez-les. Les adjectifs terminés au masculin varient-ils au féminin ? Donnez-en des exemples et épelez-les. Indiquez et épelez le féminin des adjectifs terminés par c, par g. Indiquez et épelez le féminin de *frais*, de *bénin*, de *malin*, de *favori*, de *coi*, de *bas*, de *épais*, de *exprès*, de *tiers*, de *gras*, de *gros*, de *nul*, de *gentil*, de *sot*, de *vieillot*, de *jumeau*, de *beau*, de *nouveau*, de *fou*, de *mou*. Ces quatre derniers adjectifs n'ont-ils pas encore une autre terminaison au sing. masc. ? Indiquez-la et épelez-la. Dans quel cas l'emploie-t-on? Donnez-en des exemples et épelez-les. Comment forme-t-on le féminin des adjectifs en *f*? Donnez-en des exemples et épelez-les. Comment forme-t-on le féminin des adjectifs en *x*. Donnez-en des exemples et épelez-les. Indiquez les exceptions, c'est-à-dire, indiquez et épelez le féminin de *doux*, de *faux*, de *roux*, de *vieux*. Ce dernier n'a-t-il pas encore une autre terminaison au singulier masculin ? Dans quel cas l'emploie-t-on ? Donnez-en des exemples et épelez-les. Comment forme-t-on le féminin des adjectifs en *éen, et, ien, yen, on, el, eil, ul* ? Donnez-en des exemples et épelez-les. Indiquez les adjectifs en *et* qui ne doublent pas le *t* au féminin. Quel accent met-on sur l'e qui précède la finale *te* du féminin ? Donnez-en des exemples et épelez-les. Les adjectifs en *al* doublent-ils au féminin l'*l* final? Donnez-en des exemples et épelez-les. Comment forme-t-on le féminin des adjectifs en *eur*, quand ils en ont un ? Donnez-en des exemples et épelez-les. Les adjectifs terminés au sing. masc. par *s*, *x*, changent-ils au pluriel masculin ? Donnez-en des exemples et épelez-les. Comment forme-t-on le pluriel masculin des adjectifs en *eau*? Donnez-en des exemples et épelez-les. Comment la plupart des adjectifs en *al* ont-ils leur pluriel masculin? Donnez-en des exemples et épelez-les. Citez quelques adjectifs en *al* qui, au pluriel masculin, prennent un *s*. Citez-en quelques autres qui ne s'emploient pas au pluriel masculin. Qu'entend-on par adjectifs *déterminatifs*? Combien y en a-t-il de sortes? Indiquez-les. A quoi servent les adjectifs numéraux? Combien y en a-t-il de sortes? Indiquez-les. A quoi servent les adjectifs *numéraux cardinaux, ordinaux*? Donnez-en des exemples. A qui servent les adjectifs *démonstratifs*? Indiquez ceux de chaque genre, de chaque nombre. Dans quel cas emploie-t-on *ce, cet*? Donnez-en des exemples. A quoi servent les adjectifs *possessifs*? Indiquez ceux de chaque genre, et de chaque nombre. Dans quel cas emploie-t-on *mon, ton, son*, au lieu de *ma, ta, sa*? Donnez-en des exemples. A quoi servent les adjectifs *indéfinis*? Indiquer ceux de chaque genre et de chaque nombre. Donnez-en des exemples. Les adjectifs numéraux cardinaux varient-ils? Donnez-en des exemples. D'où forme-t-on les adjectifs *ordinaux*? Qu'ajoute-t-on aux adjectifs *cardinaux* terminés par *n, s, t, x, q*, pour en former les ordinaux? Quel changement fait-on dans les adjectifs *cardinaux* terminés par *f*, par *e*, pour en former les ordinaux?

## CHAPITRE IV. *Du Pronom.*

Le *pronom* est un mot qui sert à remplacer un nom ou substantif. Il y a six sortes de pronoms: les pronoms *personnels*, les pronoms *démonstratifs*, les pronoms *possessifs*, les pronoms *relatifs*, les pronoms *interrogatifs* et les pronoms *indéfinis*.

Les pronoms *personnels* servent à représenter les trois personnes, ce sont: *je, me, moi*, pour la 1$^{re}$ personne du singulier; *nous*, pour la 1$^{re}$ personne du pluriel; *tu, te, toi*, pour la 2$^{e}$ personne du singulier; *vous*, pour la 2$^{e}$ personne du pluriel (tous les pronoms de la 1$^{re}$ et de la 2$^{e}$ personne sont des deux genres); *il, le*, pour la 3$^{e}$ personne du masculin singulier; *elle, la*, pour la 3$^{e}$ personne du féminin singulier; *ils, eux*, pour la 3$^{e}$ personne du masculin pluriel; *elles*, pour la 3$^{e}$ personne du féminin pluriel; *les, leur*, pour la 3$^{e}$ personne pluriel des deux genres; *lui, soi*, pour la 3$^{e}$ personne du singulier des deux genres, et *se, en, y* pour la 3$^{e}$ personne des deux genres et des deux nombres.

Les pronoms *démonstratifs* servent à indiquer les objets, ce sont: *ce, ci, cela, celui, celui-ci, celui-là*, pour le masculin singulier; *ceux, ceux-ci, ceux-là*, pour le masculin pluriel ; *celle*, *celle-ci*, *celle-là*, pour le féminin singulier, *celles*, *celles-ci*, *celles-là*, pour le féminin pluriel.

Les pronoms *possessifs* servent à rappeler l'idée du substantif en y ajoutant une idée de possession ; ce sont : le *mien*, le *tien*, le *sien*, le *nôtre*, le *vôtre*, le *leur*, pour le masculin singulier ; la *mienne*, la *tienne*, la *sienne*, la *nôtre*, la *vôtre*, la *leur*, pour le féminin singulier ; les *miens*, les *tiens*, les *siens*, pour le masculin pluriel ; les *miennes*, les *tiennes*, les *siennes*, pour le féminin pluriel ; les *nôtres*, les *vôtres*, les *leurs*, pour le pluriel des deux genres.

Les pronoms *relatifs* sont ainsi nommés, parce qu'ils se rapportent à un subst. ou à un autre pronom qui les précède, ce sont : *qui*, *que*, *quoi*, *dont*, pour les deux genres et les deux nombres ; *lequel*, *duquel*, *auquel*, pour le masculin singulier ; *lesquels*, *desquels*, *auxquels*, pour le masculin pluriel ; *laquelle*, *de laquelle*, *à laquelle*, pour le féminin singulier ; *lesquelles*, *desquelles*, *auxquelles*, pour le féminin pluriel.

Les pronoms *interrogatifs* servent à interroger, ce sont : *qui*, *que*, *quoi*, le *quel*, du *quel*, au *quel*, pour le masculin singulier ; la *quelle*, de la *quelle*, à la *quelle*, pour le féminin singulier ; les *quels*, des *quels*, aux *quels*, pour le masculin pluriel ; les *quelles*, des *quelles*, aux *quelles*, pour le féminin pluriel.

Les pronoms *indéfinis* servent à désigner d'une manière vague, les personnes ou les choses ; ce sont : *on*, (des deux genres) ; *quiconque*, m. *quelqu'un*, *quelqu'une* ; *chacun*, *chacune* ; *autrui*, m. *l'un*, *l'autre*, *l'une*, *l'autre* ; *l'un et l'autre* ; *l'une et l'autre*, *personne*, m. ; *rien*, m.

QUESTIONS. Qu'est-ce que le *pronom* ? Combien y en a-t-il de sortes ? Indiquez-les ? A quoi servent les pronoms *personnels* ? Combien y a-t-il de personnes ? Indiquez les pronoms personnels de la 1re personne du singulier ? Celui de la 1re personne du pluriel ; ceux de la 2e personne du singulier ; celui de la 2e personne du pluriel ; ceux de la 3e personne de chaque genre et de chaque nombre ?

De quel genre sont les pronoms de la 1re et de la 2e personne ? A quoi servent les pronoms démonstratifs ? Indiquez ceux de chaque genre et de chaque nombre, et épelez-les. A quoi servent les pronoms possessifs ? Indiquez ceux de chaque genre et de chaque nombre, et épelez-les: Pourquoi les pronoms relatifs sont-ils ainsi nommés? Indiquez ceux de chaque genre et de chaque nombre, et épelez-les. A quoi servent les pronoms interrogatifs? Indiquez ceux de chaque genre et de chaque nombre, et épelez-les. A quoi servent les pronoms indéfinis? Indiquez ceux de chaque genre et de chaque nombre, et épelez-les.

## CHAPITRE V. *Du Verbe.*

Le verbe est un mot qui sert à marquer l'*affirmation*. Quand je dis: *Dieu est juste*, j'affirme que la qualité exprimée par le mot *juste* appartient à Dieu, etc. On connaît qu'un mot est un verbe quand on peut mettre avant un des pronoms *je, tu, il, nous, vous, ils*.

Les verbes se partagent en quatre conjugaisons que l'on distingue par la terminaison du présent de l'infinitif.

La 1re conjugaison a le présent de l'infinitif terminé en *er*, comme *aimer*; la 2e, en *ir*, comme *finir*; la 3e, en *oir*, comme *recevoir*; la 4e, en *re*, comme *rendre*.

Il y a deux verbes, *avoir* et *être*, que l'on nomme auxiliaires, parce qu'ils servent à conjuguer tous les temps composés des autres verbes.

Les élèves les apprendront par cœur ainsi que les quatre modèles *aimer, finir, recevoir, rendre*.

### Verbe *Avoir.*

82. *Indicatif. Présent.* J'ai, tu as, il a, nous avons, vous avez, ils ont.

*Imparfait.* J'avais, tu avais, il avait, nous avions, vous aviez, ils avaient.

*Passé défini.* J'eus, tu eus, il eut, nous eûmes, vous eûtes, ils eurent.

*Passé indéfini.* J'ai eu, tu as eu, il a eu, nous avons eu, vous avez eu, ils ont eu.

*Passé antérieur.* J'eus eu, tu eus eu, il eut eu, nous eûmes eu, vous eûtes eu, ils eurent eu.

*Plus-que-Parfait.* J'avais eu, tu avais eu, il avait eu, nous avions eu, vous aviez eu, ils avaient eu.

*Futur.* J'aurai, tu auras, il aura, nous aurons, vous aurez, ils auront.

*Futur antérieur.* J'aurai eu, tu auras eu, il aura eu, nous aurons eu, vous aurez eu, ils auront eu.

*Conditionnel. Présent.* J'aurais, tu aurais, il aurait, nous aurions, vous auriez, ils auraient.

*Passé.* J'aurais eu, tu aurais eu, il aurait eu, nous aurions eu, vous auriez eu, ils auraient eu.

*On dit aussi:* J'eusse eu, tu eusses eu, il eût eu, nous eussions eu, vous eussiez eu, ils eussent eu.

*Impératif.* (*L'impératif n'a de 1<sup>re</sup> personne, au singulier, dans aucun verbe,* Aie, ayons, ayez.

*Subjonctif. Présent.* Que j'aie, que tu aies, qu'il ait, que nous ayons, que vous ayez, qu'ils aient.

*Imparfait.* Que j'eusse, que tu eusses, qu'il eût, que nous eussions, que vous eussiez, qu'ils eussent.

*Passé.* Que j'aie eu, que tu aies eu, qu'il ait eu, que nous ayons eu, que vous ayez eu, qu'ils aient eu.

*Plus-que-Parfait.* Que j'eusse eu, que tu eusses eu, qu'il eût eu, que nous eussions eu, que vous eussiez eu, qu'ils eussent eu.

*Infinitif. Présent.* Avoir.

*Passé.* Avoir eu.

*Participe présent.* Ayant.

*Participe passé.* Eu, eue, ayant eu.

Verbe *Être.*

83. *Indicatif présent.* Je suis, tu es, il est, nous sommes, vous êtes, ils sont.

*Imparfait.* J'étais, tu étais, il était, nous étions, vous étiez, ils étaient.

*Passé défini.* Je fus, tu fus, il fut, nous fûmes, vous fûtes, ils furent.

*Passé indéfini.* J'ai été, tu as été, il a été, nous avons été, vous avez été, ils ont été.

*Passé antérieur.* J'eus été, tu eus été, il eut été, nous eûmes été, vous eûtes été, ils eurent été.

*Plus-que-Parfait.* J'avais été, tu avais été, il avait été, nous avions été, vous aviez été, ils avaient été.

*Futur.* Je serai, tu seras, il sera, nous serons, vous serez, ils seront.

*Futur antérieur.* J'aurai été, tu auras été, il aura été, nous aurons été, vous aurez été, ils auront été.

*Conditionnel. Présent.* Je serais, tu serais, il serait, nous serions, vous seriez, ils seraient.

*Passé.* J'aurais été, tu aurais été, il aurait été, nous aurions été, vous auriez été, ils auraient été.

*On dit aussi:* J'eusse été, tu eusses été, il eût été, nous eussions été, vous eussiez été, ils eussent été.

*Impératif.* Sois, soyons, soyez.

*Subjonctif. Présent.* Que je sois, que tu sois, qu'il soit, que nous soyons, que vous soyez, qu'ils soient.

*Imparfait.* Que je fusse, que tu fusses, qu'il fût, que nous fussions, que vous fussiez, qu'ils fussent.

*Passé.* Que j'aie été, que tu aies été, qu'il ait été, que nous ayons été, que vous ayez été, qu'ils aient été.

*Plus-que-Parfait.* Que j'eusse été, que tu eusses été, qu'il eût été, que nous eussions été, que vous eussiez été, qu'ils eussent été.

*Infinitif. Présent.* Être.

*Passé.* Avoir été.

*Participe présent.* Étant.

*Participe passé.* Été, ayant été.

## PREMIÈRE CONJUGAISON EN *ER*.

INDICATIF.

*Présent.*

J'aim e.
Tu aim es.
Il aim e.
Nous aim ons.
Vous aim ez.
Ils aim ent.

*Imparfait.*

J'aim ais.
Tu aim ais.
Il aim ait.
Nous aim ions.
Vous aim iez.
Ils aim aient.

*Passé défini.*

J'aim ai.
Tu aim as.
Il aim a.
Nous aim âmes.
Vous aim âtes.
Ils aim èrent.

*Passé indéfini.*

J'ai aim é.
Tu as aim é.
Il a aim é.
Nous avons aim é.
Nous avez aim é.
Ils ont aim é.

*Passé antérieur.*

J'eus aim é.
Tu eus aim é.
Il eut aim é.
Nous eûmes aim é.
Vous eûtes aim é.
Ils eurent aim é.

*Plus-que-parfait.*
J'avais aim é.
Tu avais aim é.
Il avait aim é.
Nous avions aim é.
Vous aviez aim é.
Ils avaient aim é.

*Futur.*
J'aim erai.
Tu aim eras.
Il aim era.
Nous aim erons.
Vous aim erez.
Ils aim eront.

*Futur antérieur.*
J'aurai aim é.
Tu auras aim é.
Il aura aimé.
Nous aurons aim é.
Vous aurez aim é.
Ils auront aim é.

## CONDITIONNEL.
*Présent.*
J'aim erais.
Tu aim erais.
Il aim erait.
Nous aim erions.
Vous aim eriez.
Ils aim eraient.

*Passé.*
J'aurais aim é.
Tu aurais aim é.
Il aurait aim é.
Nous aurions aim é.
Vous auriez aim é.
Ils auraient aim é.

*On dit aussi :*
J'eusse aim é.
Tu eusses aim é.
Il eût aim é.
Nous eussions aim é.
Vous eussiez aim é.
Ils eussent aim é.

## IMPÉRATIF.
Aim e.
Aim ons.
Aim ez.

## SUBJONCTIF.
*Présent.*
Que j'aim e.
Que tu aim es.
Qu'il aim e.
Que nous aim ions.
Que vous aim iez.
Qu'ils aim ent.

*Imparfait.*
Que j'aim asse.
Que tu aim asses.
Qu'il aim ât.
Que nous aim assions.
Que vous aim assiez.
Qu'ils aim assent.

*Passé.*
Que j'aie aim é.
Que tu aies aim é.
Qu'il ait aim é.
Que nous ayons aim é.
Que vous ayez aim é.
Qu'ils aient aim é.

*Plus-que-Parfait.*
Que j'eusse aim é.
Que tu eusses aim é.
Qu'il eût aim é.
Que nous eussions aim é.
Que vous eussiez aim é.
Qu'ils eussent aim é.

## INFINITIF.
*Présent.*
Aim er.

*Passé.*
Avoir aim é.

*Participe présent.*
Aim ant.

*Participe passé.*
Aim é, aim ée, ayant aim é.

*Conjuguez ainsi les verbes suivants :*

84. Abaiss er, abandonn er, accabl er, accept er, accompagn er, ador er, adress er, affil er, aid er, allum er, attach er, attaqu er; babill er, bâill er, bris er, calcul er, caress er, command er, compar er, condamn er, carr er, creus er, croqu er; donn er,

débarrass er, déserr er, dégoût er, dégraiss er, déguis er, déshabill er, desserr er, destitu er, déterr er, distingu er, dompt er, éclair er, éclat er, écout er, égar er, égratign er, emmen er, empoign er, emport er, endur er, enseign er, étonn er, éveill er, expliqu er, fabriqu er, flatt er, flott er, frapp er, frott er, gagn er, gên er, guid er, habill er, habitu er, hérit er, hoch er, ignor er, imprim er, impatient er, irrit er, labour er, laiss er, lou er, lutt er; mach er, maltrait er, mêl er, murmur er, not er, notifi er; offens er, oppos er, opprim er, os er, ôt er; pari er, peign er, pein er, persécut er, pouss er, press er, pri er, provoqu er, question er, quêt er, quitt er; raccommod er, raill er, ramp er, ratifi er, récompens er, réform er, remarqu er, rencontr er, report er, respect er, sacrifi er, saign er, salu er, saut er, sech er, souhait er, succomb er; tâch er, tent er, tir er, tremp er, tromp er, trouv er, tu er; us er, usurp er; vaccin er, vagabond er, vann er, vant er, vari er, veill er, vid er, vis er, vex er, etc.

### Verbes en Cer, en Ger.

Les verbes terminés au présent de l'infinitif par cer, prennent une cédille sous le c, avant les voyelles a, o, pour conserver à cette consonne la prononciation douce: j'avanç ais, nous plaç ons, etc.; ceux qui le sont par ger, prennent un e après le g, avant les mêmes voyelles a, o: tu mang eais, nous jug eons, etc.

85. Agac er, avanc er, balanc er, devanc er, effac er, exauc er, exerc er, forc er, glac er, lac er, menac er, perc er, pinc er, plac er, prononc er, remplac er, rinc er, suc er, trac er, etc.; abrég er, arrang er, chang er, corrig er, dérang er, engag er, forg er, gag er, interrog er, jug er, log er, mang er, nag er, oblig er, partag er, roug er, song er, voyag er, etc.

### Verbes en Éer, en Ier, en Yer.

Les verbes en éer, conservent les deux ée dans tous les temps simples, excepté avant les voyelles a, i, o, où ils ne conservent que l'é fermé: agré e, vous agré ez, il agré era, que tu agré es, etc., nous agré ons, vous agré iez, il agré a, etc. Le participe passé masc. sing. prend deux é fermés, et le participe passé fém. sing., deux é fermés et un e muet: cré é, cré ée, etc. Les verbes en ier, et tous ceux dont le participe présent est en iant, ont deux ii aux deux personnes plurielles de l'imparfait de l'indicatif et du présent du subjonctif: nous pri ions, vous pri iez; que nous cri ions, que vous cri iez, etc. Les verbes en yer, et ceux dont le participe présent est en yant, changent l'y en i ayant un e muet, et prennent un i après l'y aux deux personnes plurielles de l'imparfait de l'indicatif et du présent du subjonctif: il envoi e, ils essui ent, nous balay ions, vous employ iez, que nous ray ions, que vous effray iez, etc.

86. Agré er, cré er, récré er, supplé er, etc.; associ er, balbuti er, calomni er, communi er, confi er, cri er, déli er, dépli er, envi er, étudi er, fortifi er, humili er, justifi er, oubli er, publi er, pri er, soi er, suppli er, etc.; balay er, bégay er, délay er, essay er, employ er, noy er, appuy er, ennuy er, essuy er, etc.

## Verbes en Eler, Eter, Éler, Éter, Éger.

Les verbes terminés par *eler*, *eter*, prennent deux *ll*, deux *tt*, mais seulement avant un *e* muet: j'appell e, tu renouvell eras, il jett e; ils cachett ent, etc.; nous appel ons, vous jet ez, etc. Les verbes en *éler*, *éter*, ne doublent jamais le *e* qui précède ce *l*, ce *t*, mais le *e* qui précède ce *l* et ce *t* se change en *è* ouvert quand ils sont suivis d'un *e* muet: révél er, il révèl e, empiét er, nous empiét erons, vous végét ez, etc. Les verbes en *éger*, conservent l'accent aigu dans tous leurs temps: je protég e, tu protég eais, vous protég eriez, il a protég é, etc.

Les verbes en *er*, qui ont la syllabe finale (*er*) de l'infinitif précédée d'un é fermé ou d'un *e* muet, changent cet é fermé et cet *e* muet en è ouvert, mais seulement avant une consonne suivie d'un *e* muet: espér er, il espèr e, nous espér erons; men er, je mèn e, nous men ons, vous men erez, etc.

87. Achet er, empaquet er, épousset er, feuillet er, furet er, jet er, soufflet er; amoncel er, attel er, chancel er, épel er, étincel er, nivel er; cél er, décél er, recél er, révél er, végét er; abrég er, assiég er, protég er, altér er; céd er, digér er, inquiét er, régn er, lev er, pes er, promen er, ramen er, relev er, etc.

## DEUXIÈME CONJUGAISON EN IR.

### INDICATIF.

#### Présent.

Je fin is.
Tu fin is.
Il fin it.
Nous fin issons.
Vous fin issez.
Ils fin issent.

#### Imparfait.

Je fin issais.
Tu fin issais.
Il fin issait.
Nous fin issions.
Vous fin issiez.
Ils fin issaient.

#### Passé défini.

Je fin is.
Tu fin is.
Il fin it.
Nous fin îmes.
Vous fin îtes.
Ils fin irent.

#### Passé indéfini.

J'ai fin i.
Tu as fin i.
Il a fin i.
Nous avons fin i.
Vous avez fin i.
Ils ont fin i.

#### Passé antérieur.

J'eus fin i.
Tu eus fin i.
Il eut fin i.
Nous eûmes fin i.
Vous eûtes fin i.
Ils eurent fin i.

#### Plus-que-parfait.

J'avais fin i.
Tu avais fin i.
Il avait fin i.
Nous avions fin i.
Vous aviez fin i.
Ils avaient fin i.

*Futur.*

Je fin irai.
Tu fin iras.
Il fin ira.
Nous fin irons.
Vous fin irez.
Ils fin iront.

*Futur antérieur.*

J'aurai fin i.
Tu auras fin i.
Il aura fin i.
Nous aurons fin i.
Vous aurez fin i.
Ils auront fin i.

**CONDITIONNEL.**
*Présent.*

Je fin irais.
Tu fin irais.
Il fin irait.
Nous fin irions.
Vous fin iriez.
Ils fin iraient.

*Passé.*

J'aurais fin i.
Tu aurais fin i.
Il aurait fin i.
Nous aurions fin i.
Vous auriez fin i.
Ils auraient fin i.

*On dit aussi:*

J'eusse fin i.
Tu eusses fin i.
Il eût fin i.
Nous cussions fin i.
Vous eussiez fin i.
Ils eussent fin i.

**IMPÉRATIF.**

Fin is.
Fin issons.
Fin issez.

**SUBJONCTIF.**
*Présent.*

Que je fin isse.
Que tu fin isses.
Qu'il fin isse.
Que nous fin issions.
Que vous fin issiez.
Qu'ils fin issent.

*Imparfait.*

Que je fin isse.
Que tu fin isses.
Qu'il fin ît.
Que nous fin issions.
Que vous fin issiez.
Qu'ils fin issent.

*Passé.*

Que j'aie fin i.
Que tu aies fin i.
Qu'il ait fin i.
Que nous ayons fin i.
Que vous ayez fin i.
Qu'ils aient fin i.

*Plus-que-parfait.*

Que j'eusse fin i.
Que tu eusses fin i.
Qu'il eût fin i.
Que nous eussions fin i.
Que vous eussiez fin i.
Qu'ils eussent fin i.

**INFINITIF.**
*Présent.*

Fin ir.

*Passé.*

Avoir fin i.

*Participe présent.*

Fin issant.

*Participe passé.*

Fin i, fin ie, ayant fin i.

*Conjuguez ainsi les verbes suivants:*

88. Abol ir, accompl ir, adouc ir, affaibl ir, affranch ir, ag ir, agrand ir, aplan ir, applaud ir, assoup ir, attendr ir, avert ir, bât ir, blanch ir, chér ir, chois ir, couvert ir, défleur ir, démol ir,

désobé ir, durc ir, éblou ir, éclairc ir, élarg ir, englout ir, engourd ir, épaiss ir, établ ir, étourd ir, fléch ir, fleur ir, fourn ir, franch ir, frém ir, garant ir, gém ir, gross ir, guér ir, henn ir, jaun ir, jou ir, langu ir, maigr ir, mug ir, mûr ir, nourr ir, obé ir, pâl ir, pér ir, pol ir, pun ir, ralent ir, réfléch ir, rempl ir, rétabl ir, réuss ir, sub ir, trah ir, un ir, vieill ir, vom ir, etc.

## TROISIÈME CONJUGAISON EN *OIR*.

### INDICATIF.
#### Présent.

Je reç ois.
Tu reç ois.
Il reç oit.
Nous rec evons.
Vous rec evez.
Ils reç oivent.

#### Imparfait.

Je rec evais.
Tu rec evais.
Il rec evait.
Nous rec evions.
Vous rec eviez.
Ils rec evaient.

#### Passé défini.

Je reç us.
Tu reç us.
Il reç ut.
Nous reç umes.
Vous reç ûtes.
Ils reç urent.

#### Passé indéfini.

J'ai reç u.
Tu as reç u.
Il a reç u.
Nous avons reç u.
Vous avez reç u.
Ils ont reç u.

#### Passé antérieur.

J'eus reç u.
Tu eus reç u.
Il eut reç u.
Nous eûmes reç u.
Vous eûtes reç u.
Ils eurent reç u.

#### Plus-que-parfait.

J'avais reç u.
Tu avais reç u.
Il avait reç u.
Nous avions reç u.
Vous aviez reç u.
Ils avaient reç u.

#### Futur.

Je rec evrai.
Tu rec evras.
Il rec evra.
Nous rec evrons.
Vous rec evrez.
Ils rec evront.

#### Futur antérieur.

J'aurai reç u.
Tu auras reç u.
Il aura reç u.
Nous aurons reç u.
Vous aurez reç u.
Ils auront reç u.

### CONDITIONNEL.
#### Présent.

Je rec evrais.
Tu rec evrais.
Il rec evrait.
Nous rec evrions.
Vous rec evriez.
Ils rec evraient.

#### Passé.

J'aurais reç u.
Tu aurais reç u.
Il aurait reç u.
Nous aurions reç u.
Vous auriez reç u.
Ils auraient reç u.

*On dit aussi:*
J'eusse reç u.
Tu eusses reç u.
Il eût reç u.
Nous eussions reç u.
Vous eussiez reç u.
Il eussent reç u.

### IMPÉRATIF.
Reç ois.
Rec evons.
Rec evez.

### SUBJONCTIF.
*Présent.*
Que je reç oive.
Que tu reç oives.
Qu'il reç oive.
Que nous rec evions.
Que vous rec eviez.
Qu'ils reç oivent.

*Imparfait.*
Que je reç usse.
Que tu reç usses.
Qu'il reç ût.
Que nous reç ussions.
Que vous reç ussiez.
Qu'ils reç ussent.

*Passé.*
Que j'aie reç u.
Que tu aies reç u.
Qu'il ait reç u.
Que nous ayons reç u.
Que vous ayez reç u.
Qu'ils aient reç u.

*Plus-que-parfait.*
Que j'eusse reç u.
Que tu eusses reç u.
Qu'il eût reç u.
Que nous eussions reç u.
Que vous eussiez reç u.
Qu'ils eussent reç u.

### INFINITIF.
*Présent.*
Rec evoir.

*Passé.*
Avoir reç u.

*Participe présent.*
Rec evant.

*Participe passé.*
Reç u, reç ue, ayant reç u.

Conjuguer ainsi *aperc evoir, conc evoir, perc evoir*, etc.

## QUATRIÈME CONJUGAISON EN *RE*.

### INDICATIF.
*Présent.*
Je rend s.
Tu rend s.
Il rend.
Nous rend ons.
Vous rend ez.
Ils rend ent.

*Imparfait.*
Je rend ais.
Tu rend ais.
Il rend ait.
Nous rend ions.
Vous rend iez.
Ils rend aient.

*Passé défini.*
Je rend is.
Tu rend is.
Il rend it.
Nous rend îmes.
Vous rend îtes.
Ils rend irent.

*Passé indéfini.*
J'ai rend u.
Tu as rend u.
Il a rend u.
Nous avons rend u.
Vous avez rend u.
Ils ont rend u.

## Passé antérieur.

J'eus rend u.
Tu eus rend u.
Il eut rend u.
Nous eûmes rend u.
Vous eûtes rend u.
Ils eurent rend u.

## Plus-que-parfait.

J'avais rend u.
Tu avais rend u.
Il avait rend u.
Nous avions rend u.
Vous aviez rend u.
Ils avaient rend u.

## Futur.

Je rend rai.
Tu rend ras.
Il rend ra.
Nous rend rons.
Vous rend rez.
Ils rend ront.

## Futur antérieur.

J'aurai rend u.
Tu auras rend u.
Il aura rend u.
Nous aurons rend u.
Vous aurez rend u.
Ils auront rend u.

## CONDITIONNEL.
### Présent.

Je rend rais.
Tu rend rais.
Il rend rait.
Nous rend rions.
Vous rend riez.
Ils rend raient.

### Passé.

J'aurais rend u.
Tu aurais rend u.
Il aurait rend u.
Nous aurions rend u.
Vous auriez rend u.
Ils auraient rend u.

### On dit aussi

J'eusse rend u.
Tu eusses rend u.

Il eût rend u.
Nous eussions rend u.
Vous eussiez rend u.
Ils eussent rend u.

## IMPÉRATIF.

Rend s.
Rend ons.
Rend ez.

## SUBJONCTIF.
### Présent.

Que je rend e.
Que tu rend es.
Qu'il rend e.
Que nous rend ions.
Que vous rend iez.
Qu'ils rend ent.

### Imparfait.

Que je rend isse.
Que tu rend isses.
Qu'il rend ît.
Que nous rend issions.
Que vous rend issiez.
Qu'ils rend issent.

### Passé.

Que j'aie rend u.
Que tu aies rend u.
Qu'il ait rend u.
Que nous ayons rend u.
Que vous ayez rend u.
Qu'ils aient rend u.

### Plus-que-parfait.

Que j'eusse rend u.
Que tu eusses rend u.
Qu'il eût rend u.
Que nous eussions rend u.
Que vous eussiez rend u.
Qu'ils eussent rend u.

## INFINITIF.
### Présent.

Rend re.

### Passé.

Avoir rend u.

### Participe présent.

Rend ant.

### Participe passé.

Rend u, rend ue, ayant rendu

*Conjuguez ainsi les verbes suivants:*

89. Attend re, confond-re, correspond-re, défend re, dépend re, entend re, étend re, fend re, fond re, mord re, pend re, pond re, prétend re, répand re, répond re, suspend re, tend re, tord re, vend re, etc.

*Les élèves apprendront par cœur les deux auxiliaires et les modèles de conjugaisons.*

QUESTIONS. — Qu'est-ce que le *verbe*? Comment connaît-on qu'un mot est un verbe? Combien y a-t-il de conjugaisons? Comment distingue-t-on à quelle conjugaison appartient un verbe? Indiquez la terminaison de l'infinitif de chacune des quatre conjugaisons? Qu'appelle-t-on *verbes auxiliaires*? Indiquez-les? Quelles remarques y a-t-il à faire relativement aux verbes en *éer*, à ceux dont le participe présent est en *innt*, *yant*, à ceux qui ont le présent de l'infinitif en *eler*, *eter*, *éler*, *éter*, *éger*, *cer*, *ger*, et à ceux qui ont, à l'avant-dernière syllabe de l'infinitif, un *é* fermé ou un *e* muet, comme *espérer, peser, mener, lever,* etc.?

Il serait très-bon, à notre avis, qu'on interrogeât fréquemment les élèves sur la manière d'écrire les différentes personnes des temps des auxiliaires et des modèles.

## CHAPITRE VI. — *De l'Adverbe.*

L'*Adverbe* est un mot invariable qui modifie soit un verbe: parler doucement; soit un adjectif: un enfant bien studieux; soit un autre adverbe: agir très-sagement.

Copiez plusieurs fois les adverbes suivants:

90. D'abord, aujourd'hui, demain, hier, jadis, autrefois, maintenant, aussi, dorénavant, bientôt, souvent, jamais, toujours, autant, tant, près, plus, mieux, moins, trop, très, fort, dessus, dessous, dedans, dehors, où, ici, là, ailleurs, ensuite, puis, ensemble, alentour, loin, tantôt, tôt, quelquefois, partout, tard, encore, beaucoup, peu, assez, bien, mal, davantage, combien, comme, presque, quasi, entre, volontiers, oui, non, ne, ne pas, point, pourquoi, alors, auparavant, auprès, aussitôt, déjà, désormais, enfin, plutôt, nonobstant, pourtant, etc.

*Adverbes terminés par* amment, emment *(désinences qui se prononcent de même)*: AMAN.

91. Abondamment, arrogamment, brillamment, coulamment, couramment, bruyamment, complaisamment, élégamment, étonnamment, exorbitamment, incessamment,

galamment, indépendamment, instamment, pesamment, plaisamment, précipitamment puissamment, savamment, suffisamment, surabondamment, vaillamment, vigilamment; antécédemment, apparemment, ardemment, compétemment, conséquemment, décemment, différemment, diligemment, dolemment, éloquemment, éminemment, évidemment, fréquemment, impatiemment, impertinemment, imprudemment, impudemment, indécemment, indifféremment, indolemment, incidemment, innocemment, insciemment, insolemment, intelligemment, négligemment, patiemment pertinemment, précédemment, prudemment, récemment, sciemment, subséquemment, violemment.

OBSERVATION. Les Adverbes en *ammnt* et en *emment* sont en général, formés des adjectifs en *ant* et en *ent*, par le changement de *ant* en *ammant*, pour les premiers, et de *ent* en *emment* pour les seconds.

*Adverbes terminés par EMENT, ÉMENT, IMENT, OMENT, UMENT.*

92. Abominablement, absurdement, abusivement, accidentellement, activement, actuellement, adroitement, affablement, affectueusement, affreusement, agilement, agréablement, amèrement, amiablement, amicalement, anciennement, annuellement, antérieurement, approximativement, arbitrairement, artificiellement, artificieusement, artistement, atrocement, attentivement, aucunement, audacieusement, avantageusement, avidement; barbarement, bassement, bénévolement, bêtement, bizarrement, blanchement, bonnement, brièvement, brusquement; cavalièrement, certainement, chaleureusement, chaudement, chèrement, chichement, chrétiennement, civilement, clairement, clandestinement, collectivement, complétement, conjointement, consciencieusement, continuellement, constitutionnellement, copieusement, correctement, courageusement, cruellement.

93. Dangereusement, dédaigneusement, défavorablement, définitivement, délicatement, délicieusement, déplorablement, dernièrement, désagréablement, déloyalement, dévotement, difficilement, dignement,

directement, discrètement, distinctement, docilement, doublement, doucement, douillettement, douloureusement, droitement, drôlement, durement; économiquement, effectivement, également, équitablement; fermement, follement; généreusement, glorieusement, gloutonnement, gracieusement, grandement, grièvement; habilement, habituellement; hermétiquement, heureusement, honnêtement, honorablement, honteusement.

94. Identiquement, ignoblement, ignominieusement, illégitimement, illicitement, illisiblement, immanquablement, immédiatement, immuablement, imparfaitement, impartialement, impérativement, imperceptiblement, impérieusement, impétueusement, impersonnellement, imperturbablement, impitoyablement, improprement, incomparablement, indignement, indirectement, indiscrètement, indispensablement, indistinctement, individuellement, indubitablement, inégalement, inévitablement, infailliblement, ingénieusement, inhumainement, injustement, insensiblement, intégralement, intelligiblement, intérieurement, intimement, inutilement, involontairement, irrévocablement.

95. Journellement, joyeusement, judicieusement, justement, lâchement, laconiquement, largement, lentement, lestement, librement, longuement, loyalement; machinalement, maladroitement, malheureusement, malicieusement, malignement, malproprement, médiocrement, merveilleusement, méthodiquement, misérablement, modestement, mollement, moralement, mortellement, mûrement, mutuellement, mystérieusement; naïvement, naturellement, nécessairement, nettement, noblement, nouvellement; officiellement, ordinairement, ouvertement; pareillement, parfaitement, particulièrement, passablement, péniblement, perpétuellement, personnellement, platement, premièrement, présentement, primitivement, principalement, probablement, prochainement, prodigieusement, progressivement, promptement, proportionnément, proportionnellement, provisoirement, publiquement, purement, radicalement, rapidement, rarement, réciproquement, réellement, régulièrement.

96. Sagement, sainement, saintement, salement, scru-

puleusement, sèchement, secrètement, semblablement, sensiblement, sérieusement, seulement, sévèrement, simplement, singulièrement, sobrement, soigneusement, solennellement, solidairement, solidement, sommairement, sordidement, sottement, soudainement, sourdement, sournoisement, souvent, souverainement, spécialement, spirituellement, splendidement, strictement, stupidement, subitement.

97. Tacitement, tellement, témérairement, temporairement, tendrement, terriblement, textuellement, tièdement, timidement, tortueusement, totalement, tragiquement, tranquillement, transversalement, tristement.

98. Ultérieurement, unanimement, uniformément, uniquement, universellement, utilement, vainement, valeureusement, validement, verbalement, vertement, verticalement, vertueusement, victorieusement, visiblement, volontairement, vraiment, vraisemblablement.

99. Aisément, assurément, aveuglément; carrément, commodément, conformément, confusément; décidément, délibérément, démesurément, effrontément, énormément; immensément, impunément, inconsidérément, instantanément, isolément; modérément, momentanément, nommément; passionnément, posément, précisément, profondément; sensément, séparément.

100. Indéfiniment, infiniment, joliment, poliment, uniment, comment, absolument, assidûment, crûment, dûment, indûment, ingénieusement, résolument.

OBSERVATION. Les adverbes en *Ément, Iment, Ument*, sont formés, à quelques exceptions près, du sing. masc. des adjectifs terminés à ce nombre par *É, I, U*, et de la désinence *Ment*; étourdi, étourdiment, crû, crû-ment, aisé, aisé-ment, etc.

Quant à ceux qui sont en *Ement*, ils sont aussi formés en général, 1° du sing. masc. des adjectifs terminés à ce nombre par un e muet, auquel on a ajouté la désinence *Ment*: agréable, agréablement, facile, facile-ment, etc.; 2° du sing. fém. des adjectifs terminés au sing. masc. par une consonne: *grand, grande, grandement; public, publique-ment; positif, positive, positive-ment; long, longue, longue-ment; cruel, cruelle cruelle-ment; bon, bonne, bonne-ment; dernier, dernière ment; bas, basse, basse-ment; sot, sotte, sotte-ment; heureux, heureuse, heureuse-ment.*

Les Adverbes de nombre sont tous formés du fém.

sing. du nombre ordinal (*) auquel on ajoute la désinence *Ment*; deux, deuxième, deuxième-ment; trois, troisième, troisième-ment; quatre, quatrième, quatrième-ment; cinq, cinquième, cinquième-ment; six, sixième, sixièmement; sept, septième, septième-ment, etc.

Questions. — Qu'est-ce que l'adverbe ? Citez des adverbes en *amment*, en *emment*, en *ement*, en *ément*, en *iment*, en *ument* ? Comment les forme-t-on ? Donnez-en des exemples et épelez-les. D'où sont formés les adverbes de nombre ? Comment ? Donnez-en des exemples et épelez-les.

## CHAPITRE VII. — *De la Préposition.*

La *Préposition* est un mot invariable qui exprime les rapports qui existent entre les mots.

104. *Prépositions*: à, après, attendu, avant, avec, chez, contre, dans, de, depuis, derrière, dès, devant, durant, en, entre, envers, hormis, hors, malgré, moyennant, nonobstant, outre, par, parmi, pendant, pour, sans, sauf, selon, sous, suivant, sur, touchant, vers, vis-à-vis, etc.

Questions. — Qu'est-ce que la *préposition* ? Indiquer les principales *prépositions*.

## CHAPITRE VIII. — *De la Conjonction.*

La *Conjonction* est un mot invariable qui sert à lier un membre de phrase à un autre membre de phrase.

105. *Conjonctions*: Ainsi, car, cependant, comme, donc, enfin, et, lorsque, mais, néanmoins, ni, or, pourtant, quand, que, quoique, si, sinon, toutefois, etc.

Questions. — Qu'est-ce que la *conjonction* ? Indiquez-les principales *conjonctions*.

## CHAPITRE IX. — *De l'Interjection.*

L'*Interjection* est un mot invariable qui exprime une affection subite de l'âme.

106. *Interjections*: Ah! aïe! eh! ha! hé! hélas! ho! fi! oh! hola! hé bien ou eh bien! chut! o! paix! etc.

Questions: Qu'est-ce que l'*interjection* ? Indiquez les principales *interjections*.

---

(*) Voyez page 31 la manière de former les nombres ordinaux.

www.ingramcontent.com/pod-product-compliance
Lightning Source LLC
LaVergne TN
LVHW022146080426
835511LV00008B/1286